SCHÜLERBUCH 2

Gute Reise!

Anna Lise Gordon

Stage 2:
Pupil's book
Repromasters
Cassettes

Teacher's book
Overhead transparencies
Singspiel II (songs)

Design Plum Design, Lymington, Hants
Cover illustration by Lyn O'Neill   **Main story** illustrated by Francis Scappaticci

Illustrations
Maggie Brand (pages 12, 14, 24, 25, 40, 47, 68, 75, 92, 106, 114, 119, 133, 142, 146, 156, 161);
Peter Bull (pages 16, 60, 134); Phil Burrows (pages 21, 62, 88, 90, 93, 101, 139, 147, 167);
Bridget Dowty (pages 35, 42, 118, 142); Wayne Ford (adaption of inside front cover
and inside back cover); Phil Garner (pages 31, 59, 62, 107); Ann Johns (pages 13, 17, 22, 71, 78);
David Oakley (pages 58, 106, 115); Mike Ormond (pages 15, 22, 26, 39, 43, 114, 126, 128);
Sharon Pallent (pages 109, 148); Gini Wade (pages 80, 84)

Photographs
Andrew Hasson with the exception of: Allsport (pages 74,104); Clive Barda/Performing Arts
Library (pages 80,81); Lorraine Sennett (pages 17, 30, 51, 52, 92, 137, 145, 162); David Simson
(pages 26, 75, 106); John Walmsey (page 79); Wiener Sängerknaben (page 27)

The author would like to thank her husband, Richard, and her daughter, Rebecca, for their
support and good humour while writing this book. She would also like to thank the following
people for their invaluable assistance throughout: Julie Green, Harriette Lanzer, Carolyn
Parsons and Sarah Provan. Thanks also to Alan Wesson for his involvement in the planning
stages of this book and to those people who read and commented on draft materials.

We are grateful to the following for allowing us to reproduce published material:
BAT Freizeit-Forschungsinstitut (pages 15, 128); Rotring-Werke Riepe KG (page 20);
Bayerisches Staatsministerium für Unterricht, Kultus, Wissenschaft und Kunst (page 26);
Fremdenverkehrsamt, Helmstedt (page 42); Heinrich-Bauer Spezialzeitschriften-Verlag KG for
the extract from *Bravo Girl!* (page 60); ZAG Zeitschriften-Verlag AG for the letter from
Popcorn (page 61); Centrale Marketinggesellschaft der deutschen Agrarwirtschaft mbH (pages
66, 67); Benckiser Ltd (page 70); the extract from *The Concise Oxford Duden German
Dictionary* (Chief Editors M. Clark, O. Thyen), published 1991, by permission of the Oxford
University Press; WDV Wirtschaftsdienst Gesellschaft für Medien & Kommunikation mbH &
Co. OHG (pages 76, 77, 78); Brüggemann-Freizeit-Artikel-Versand GmbH & Co. KG, address:
Postfach 11 52, 59348 Lüdinghausen, telephone: 0 25 91 925–0 (page 88); Deutsche
Bundesbahn (pages 98, 99); Heidelberger Versorgungs-und Verkehrsbetriebe GmbH (page 100);
Kurverwaltung Zell am See (page 105); Deutscher Alpenverein (page 114); Zweites Deutsches
Fernsehen (pages 126, 129); Axel-Springer-Verlag AG for the extract from *Hörzu* (page 127); the
newspaper extract published by permission of *The Guardian* (page 130); Deutsche Bundespost
Telekom (pages 135, 137, 139); Reinhard Döhl for the poem *Apfel Würm* (page 110); Tiefdruck
Schann-Bagel GmbH for the poem *Ferien, das heißt . . .* (page 110); Theo Weinobst for the
poem *Anfang Baby . . .* (page 111); Peter Hammer Verlag GmbH for the following poems:
Ordnung, Konjugation, z.B. Wörter (page 111).

Every effort has been made to trace copyright holders but the publishers will be pleased to
make the necessary arrangements at the first opportunity if there are any omissions.

© Mary Glasgow Publications 1993
First published 1993
ISBN 1 85234 497 0

Mary Glasgow Publications
An imprint of Stanley Thornes (Publishers) Ltd
Ellenborough House
Wellington Street
Cheltenham
GL50 1YD

Colour origination by Dah Hua Printing Co., Hong Kong
Printed by Butler & Tanner, Frome

Eleni Balschek   Anke Erdmann   Peter Schröder

Rolf Müller   Andreas Weber

Wo liegt München?

München liegt in Süddeutschland in Bayern. München ist die Hauptstadt von Bayern. Der Fluß in München heißt Isar. Kannst du München auf der Landkarte finden?

Wie groß ist München?

München hat ungefähr 1,5 Millionen Einwohner. München ist die drittgrößte Stadt Deutschlands.

Ist München interessant?

Ja! München ist eine schöne Stadt, und es gibt viele Sehenswürdigkeiten. Die Hauptpersonen in unserer Geschichte wohnen in München.

Gute Reise nach München!

Wer spielt eine Rolle in der Geschichte?

Eleni Balschek ist fünfzehn Jahre alt. Ihre Familie kommt aus Griechenland, aber sie wohnt jetzt mit ihren Eltern in München. Eleni spielt Schlagzeug und interessiert sich für Rockmusik. Sie hat einen kleinen Bruder.

Rolf Müller ist vierzehn Jahre alt. Er ist meistens lustig, aber er kommt oft zu spät! Er hat immer Hunger! Er wohnt bei seinen Eltern.

Anke Erdmann ist vierzehn Jahre alt. Sie wohnt bei ihren Eltern. Sie ist sehr sportlich und meistens gut gelaunt. Ihre Cousine heißt Birgit Schulze. Kennst du sie noch von *Gute Reise! Schülerbuch 1*?

Andreas Weber ist fünfzehn Jahre alt. Er ist nett und vernünftig. Er töpfert gern und liebt das Theater. Er wohnt mit seinen Eltern.

Peter Schröder ist fünfzehn Jahre alt. Er ist neu in München. Er kommt aus Dresden, aber jetzt verbringt er ein Jahr mit seiner Mutter in München. Er ist nett und sportlich.

Frau Schröder ist Peters Mutter. Sie kommt aus Dresden. Sie ist Ernährungsexpertin und macht eine Forschungsarbeit an der Universität in München. Sie ist geschieden.

Herr Jäger ist Lehrer. Er unterrichtet Informatik und ist Klassenlehrer für die 9B an einer Realschule. Er hilft auch im Jugendklub.

Peter Schröder beginnt seine neue Schule in München. Er lernt neue Freunde in der Klasse 9B kennen – Anke, Eleni, Andreas und Rolf. Das macht Spaß!

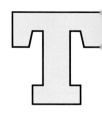

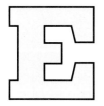  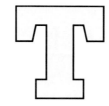 

INTRODUCTION

Welcome to *Gute Reise!* stage 2.

You will learn . . .

- how to make arrangements with friends
- how to find out and give information
- how to express your opinion

- how to talk about what you enjoy doing
- how to talk about what you have done
- how to understand what other people are saying or have written.

How is *Gute Reise!* stage 2 organised?

There are 20 *Lektionen* (units). Most *Lektionen* include:

 **LERNZIELE**   your learning objectives for the unit

 listening activities

 speaking activities with a partner

 speaking activities in a group

 speaking activities with the whole class

 **PROJEKTSEITE**   a page which helps you to practise what you have learned in practical and creative activities

 *Infoseite*

extra information about the German language and way of life and tips for language learning

EXTRA! more difficult activities to help you practise even more!

KULTURINFO

extra information about the German way of life

 **PRIMA! DU KANNST JETZT . . .**

a summary of the German you have learned

● ● *LESEPAUSE*

reading for pleasure!

Every unit begins with a cartoon story. Each fifth unit is for revision and will help you practise what you have learned.

Your teacher will talk in German most of the time. You need to talk in German as much as possible, too!

Here are some phrases to help you. Check you know what they mean and use them whenever you need to.

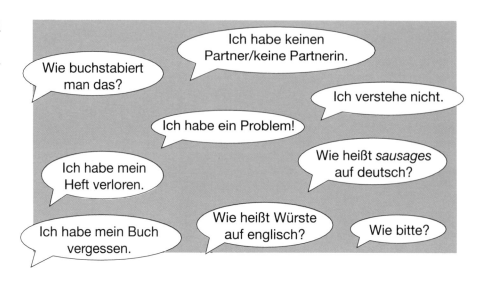

Wie buchstabiert man das?

Ich habe keinen Partner/keine Partnerin.

Ich verstehe nicht.

Ich habe ein Problem!

Wie heißt *sausages* auf deutsch?

Ich habe mein Heft verloren.

Ich habe mein Buch vergessen.

Wie heißt Würste auf englisch?

Wie bitte?

Classroom language

As you go through *Gute Reise!* stage 2 you
will come across the following phrases:

Beantworte die folgenden Fragen.	*Answer the following questions.*
Bereite . . . vor.	*Prepare . . .*
Beschreib . . .	*Describe . . .*
Beschrift . . .	*Label . . .*
Erfinde . . .	*Invent . . .*
Ergänze diese Sätze.	*Complete these sentences.*
Füll . . . aus.	*Fill in . . .*
Hör (nochmal) zu.	*Listen (again).*
Kannst du andere Sätze schreiben?	*Can you write other sentences?*
Kannst du die richtigen Antworten finden?	*Can you find the correct answers?*
Kannst du dieses Rätsel lösen?	*Can you solve this puzzle?*
Lies . . .	*Read . . .*
Mach eine Liste.	*Make a list.*
Macht Dialoge.	*Make up dialogues.*
Macht eine Umfrage.	*Do a survey.*
Nimm es auf Kassette auf.	*Record it onto cassette.*
Ordne die Bilder in der richtigen Reihenfolge.	*Put the pictures in the right order.*
Ordne diese Sätze.	*Put these sentences in the right order.*
Richtig oder falsch?	*True or false?*
Schlag die neuen Vokabeln im Wörterbuch nach.	*Look up the new words in a dictionary.*
Schreib die Details auf.	*Write the details down.*
Schreib die falschen Sätze richtig auf.	*Write the incorrect sentences down correctly.*
Schreib die Resultate auf.	*Write the results down.*
Schreib Notizen/einen kleinen Text.	*Write notes/a short text.*
Schreib Sätze ins Heft.	*Write sentences in your exercise book.*
Sieh dir die Bilder an.	*Look at the pictures.*
Spiel die Szene.	*Act out the scene.*
Trag diese Liste ins Heft ein.	*Copy this list into your exercise book.*
Wähl die richtige Antwort.	*Choose the correct answer.*
Was paßt zusammen?	*What goes together?*
Wirf einen Würfel.	*Throw a dice.*
Zeichne . . .	*Draw . . .*

If you come across other words you don't understand, you
can look them up in the alphabetical word list at the back
of your book.

Gute Reise!

LERNZIELE

You will learn . . .

- how to talk about where you were on holiday
- how to talk about when you were there
- how to talk about who you were with.

 ## Nach den Sommerferien

1 Wo waren sie in den Sommerferien?

a) Wo war Rolf in den Sommerferien?   d) Und Anke?

b) Und Eleni?   e) Und Peter?

c) Und Andreas?

a) in München

 Schreib Sätze ins Heft.   Rolf war in München.

2 Richtig oder falsch?

a) Anke war am Bodensee und hat einen Sonnenbrand.

b) In den Ferien war Eleni in Paris.

c) Der Lehrer heißt Herr Pfeifer.

d) Andreas war mit seinen Eltern in Holland.

e) In der ersten Stunde haben sie Informatik.

f) Rolf findet den Schulbeginn toll.

Schreib die falschen Sätze richtig auf.

3 Wer war wo? Wann und mit wem? Schreib Sätze ins Heft.

In den Sommerferien Letzte Woche Im September Im August	war	Rolf Eleni Andreas Anke	mit ihrer Schwester mit seiner Familie bei ihrer Großmutter mit seinen Eltern	zu Hause. in Deutschland. in Griechenland. in Holland.

4 Diese Leute haben auch Ferien in Europa gemacht. Was paßt zusammen?

Im Juli war ich eine Woche in Dänemark.

1. Jan

Letztes Jahr war ich zehn Tage in Griechenland.

2. Muzaffer

In den Sommerferien war ich vier Tage in Ungarn.

3. Sandra

Im März war ich zwei Wochen in Frankreich.

4. Manuela

Letzte Woche war ich eine Woche in Portugal.

5. Julia

a   b   c   d    e

Schreib Sätze ins Heft.   Im Juli war Jan eine Woche in Dänemark.

5 Hör zu. Sechs Personen beschreiben ihre Ferien. Was paßt zusammen?

1c

b

a

c

d

e

f

6

A Wo warst du in den Sommerferien?

B In Cornwall.

A Wann war das?

B Im August.

EXTRA!

A Mit wem? B

Mit meiner Familie.

A Wo warst du in den Sommerferien?

Zu Hause. C

7 Ferienumfrage! Schreib die Details für die vier jungen Leute auf.

1. Sybille – Berlin – August – Eltern.

Sybille
Markus
Eva
Martin

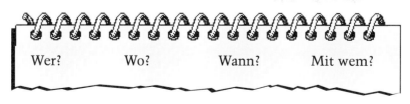

| Wer? | Wo? | Wann? | Mit wem? |

8 Wirf einen Würfel, um deine Antwort zu finden!

A: Wann warst du in den Ferien?

B: Drei: Im August.

A: Mit wem warst du dort?

B: Eins: Mit meiner Großmutter.

A: Und wo warst du?

B: Eins: In Italien.

KULTURINFO

1993/1994	Sommer 1993	Allerheiligen / Herbst 1993	Weihnachten 1993/1994
Baden-Württemberg	1.7.-14.8.	2.11.- 5.11.	23.12.- 7.1.
Bayern	22.7.- 6.9.	2.11.	23.12.- 8.1.
Berlin	24.6.- 7.8.	2.10. - 9.10.	23.12.- 8.1.
Brandenburg	24.6.- 7.8.	2.10.- 9.10.	23.12.- 4.1.
Bremen	18.6.-31.7.	23.9.- 2.10.	23.12.- 8.1.
Hamburg	5.7.-14.8.	11.10.-23.10.	23.12.- 4.1.
Hessen	26.7.- 3.9.	25.10.-29.10.	23.12.-14.1.
Mecklenburg-Vorpommern	1.7.-14.8.	4.10.- 9.10.	23.12.- 3.1.
Niedersachsen	18.6.-31.7.	24. 9.- 2.10.	23.12.- 8.1.
Nordrhein-Westfalen	8.7.-21.8.	11.10.-16.10.	24.12.- 6.1.
Rheinland-Pfalz	15.7.-24.8.	18.10.-23.10.	23.12.- 8.1.
Saarland	15.7.-28.8.	25.10.-30.10.	22.12.- 5.1.
Sachsen	15.7.-25.8.	18.10.-26.10.	23.12.- 4.1.
Sachsen-Anhalt	15.7.-25.8.	18.10.-22.10.	23.12.- 4.1.
Schleswig-Holstein	2.7.-14.8.	11.10.-23.10.	23.12.- 8.1.
Thüringen	29.7-11.9.	25.10.-30.10.	23.12.- 5.1.

14 vierzehn

9 **Wie logisch bist du?**
Kannst du dieses Rätsel lösen?

Sechs Freunde – Helga, Jutta, Jürgen, Petra, Heinz und Rainer – waren in den Ferien.

Wer war wo und mit wem?

Rainer und Jürgen waren nicht zusammen.
Helga war mit einer Freundin im Urlaub.
Jutta war in Wien.
Petra war in Griechenland.
Jutta war mit ihrem Freund im Urlaub.
Jürgen ist mit dem Auto gefahren.
Heinz war bei seiner Tante in England.
Petra war mit einer Freundin im Urlaub.
Rainer war mit einem Freund im Urlaub.

10 **Sieh dir die Statistiken an. Beantworte die Fragen.**

a) Wie viele Leute bleiben zu Hause?
b) Wie viele Leute fahren 3 Wochen weg?
c) Wie viele Leute fahren 6–13 Tage weg?
d) Für wie viele Wochen fahren 2,1 Mio Leute weg?
e) Wie viele Leute bleiben länger als 4 Wochen?

Von 48,8 Millionen Bundesbürgern ab 14 Jahren waren 1989:

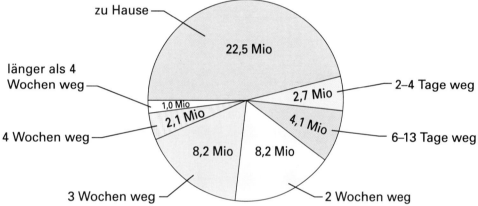

zu Hause — 22,5 Mio
länger als 4 Wochen weg — 1,0 Mio
2,1 Mio
4 Wochen weg
8,2 Mio
8,2 Mio
2,7 Mio — 2–4 Tage weg
4,1 Mio — 6–13 Tage weg
3 Wochen weg — 2 Wochen weg

Quelle: BAT Freizeit–Forschungsinstitut 1990

11 **Weltmeisterin im Reisen? Letztes Jahr war Marion Schiller (25 Jahre alt) oft im Urlaub! Hör zu. Schreib Notizen ins Heft.**

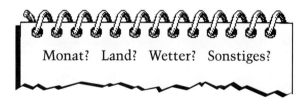

Monat?   Land?   Wetter?   Sonstiges?

PRIMA! DU KANNST JETZT . . .

fragen: Wo warst du in den Sommerferien?

sagen: Ich war in Griechenland/Ungarn/ Dänemark/Portugal/Frankreich/ Italien/Großbritannien. Ich war zu Hause.

fragen: Wann war das? Wann warst du in den Sommerferien?

sagen: letzte Woche, letztes Jahr, im August/September

fragen: Mit wem warst du dort?

sagen: mit meinem Vater/Großvater/ Bruder/Freund
mit meiner Mutter/Großmutter/ Schwester/Freundin/Familie
mit meinen Eltern/Großeltern/ Freunden/Freundinnen

A Wo möchtest du Ferien machen? Mach eine Liste mit deinen fünf Lieblingsländern oder -städten.

B Wo warst du in den letzten Sommerferien? Mach eine Kollage und/oder schreib einen kleinen Text.

In den letzten Sommerferien war ich in Blackpool, in Nordwestengland. Das war im August. Ich war mit meiner Familie und meiner Freundin Julie dort. Ich war eine Woche in Blackpool. Es war toll!

C Nimm ein Interview über die Ferien (wo? wann? mit wem?) auf Kassette auf.

D Wie logisch bist du? Kannst du ein Rätsel (wie Übung 9) erfinden? Können dein(e) Lehrer(in) und dein(e) Partner(in) dein Rätsel lösen?

Ways to learn vocabulary

Learning vocabulary takes time. You can't just soak it up!

Here are some useful tips for learning vocabulary!

1. I read aloud the German and English words over and over again. Sometimes I chant, rap or sing the words to a well-known tune!

2. I write the German and English words onto pieces of paper or card to make a pairs game. I then see how quickly I can match the words together.

3. I record the German and English words onto a cassette and listen to them on my way to school. When I want to test myself, I pause the tape after each German word and say the English, then I play the tape to check I've got it right!

4. I copy the words out several times. I need to concentrate quite hard, but I find this the best way to learn new words.

5. I practise the vocabulary with my friend and we test each other. My friend usually wins!

6. I look at the German and English words side by side for about ten minutes. Then I cover up the German (or the English) and see if I can remember the English (or the German).

7. When I want to practise the spelling of the words, I ask my sister to jumble up the letters and I try to put them in the correct order.

8. I used to leave vocabulary learning until last, but now I do it before my other homework! I seem to remember it much better that way!

Fascinating fact!

If you spend just five minutes a day learning vocabulary, you will probably learn about 1825 words a year!

That can't be bad!

Which way of learning vocabulary is best for you?
Try out the different suggestions with these words:

der Supermarkt(¨e)	*supermarket*
der Zeitungskiosk(e)	*newspaper kiosk*
die Apotheke(n)	*chemist*
die Bäckerei(en)	*baker's*
die Bank(en)	*bank*
die Buchhandlung(en)	*book-shop*
die Post(en)	*post office*
das Café(s)	*café*
das Rathaus(¨er)	*town hall*
das Restaurant(s)	*restaurant*

LERNZIELE

You will learn . . .

- how to talk about the details on a school timetable
- how to express opinions about school subjects and teachers
- how to give some reasons for being late.

 Schulbeginn

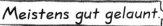

Nach der Pause haben wir Sport – mein Lieblingsfach. Hoffentlich hast du Sportkleidung mit. Unsere Sportlehrerin ist sehr streng.

Ja, ich finde Sport wichtig.

Hier ist die Bibliothek.

Und hier ist die Aula.

Diese Schule ist viel moderner als meine alte Schule in Dresden.

Und hier sind die Kunsträume. Kunst finde ich langweilig.

Ich finde es interessanter als Musik!

Aber Musik ist einfacher!

Hast du ein Lieblingsfach, Eleni?

Ja, Physik finde ich interessant, und Mathe gefällt mir auch gut.

Schnell! Frau Müller wartet vor der Turnhalle.

Sie ist immer so pünktlich!

Ihr seid fünf Minuten zu spät. Warum?

Es tut uns leid, Frau Müller, aber wir mußten Peter die Schule zeigen.

Er ist neu in der Klasse.

Ist gut. Jetzt aber schnell.

Sportlich sieht Peter aber nicht aus. Schade!

1 Welche Fächer diskutieren Andreas, Peter, Anke, Eleni und Rolf?
Ordne die Bilder in der richtigen Reihenfolge.

2 Wer findet . . .

a) Sport wichtig?

b) Kunst langweilig?

c) Informatik nützlich?

d) Musik einfach?

e) Physik interessant?

3 Trag diesen Stundenplan ins Heft ein. Hör zu. Füll Montag, Dienstag und Mittwoch aus.

rotring *bringt den Spaß beim Zeichnen und Schreiben*

Zeit	Montag		Dienstag		Mittwoch		D
	Fach	Raum	Fach	Raum	Fach	Raum	
8⁰⁰–8⁴⁵	Informatik						
8⁵⁰–9³⁵	Informatik						
9⁵⁰–10³⁵	Sport						
10⁴⁰–11²⁵	Religion						
11⁴⁵–12³⁰	Biologie						

4

A: Was ist die erste Stunde am Montag?

B: Informatik.

A: Wann beginnt die zweite Stunde am Dienstag?

B: Um zehn vor neun.

STAATLICHE REALSCHULE ISMANING

Schuljahr 19 93 / 94   Klasse 7

JAHRESZEUGNIS

für

Carola Müller

(Sämtliche Vornamen, Familienname)

geboren am 10.01.   19 80 in Bremen

Leistungen in Pflicht- und Wahlpflichtfächern

Religionslehre (........)	2
Deutsch	3
Englisch	2
Mathematik	1
Biologie	3
Geschichte	4
Erdkunde	2
Sport	1
Musik	3
Kunsterziehung	2
Werken	–
Textilarbeit	–
Hauswirtschaft	–
Maschinenschreiben	–

Teilnahme am Wahlunterricht

5 In einer Woche kommt Rolf jeden Tag zu spät. Sieh dir den Artikel an. Hör zu. Was sagt er?

Montag, e

Nichts als Ausreden!

Jeden Tag kommen viele Schüler(innen) in der Bundesrepublik zu spät zur Schule. Jeden Tag hören Lehrer(innen) allerlei Ausreden dafür.

Hier stehen sechs Lieblingsausreden, die jeden Tag gebraucht werden. Wie viele davon hast du je gebraucht?

Es tut mir leid, daß ich zu spät komme, aber . . .

a Ich konnte meine Schulmappe nicht finden.

b Ich mußte auf die Toilette gehen.

c Mein Hamster ist gestorben.

d Ich war krank.

e Ich habe den Bus verpaßt.

f Ich habe den Wecker nicht gehört.

 6 Letzte Woche warst du jeden Tag zu spät. Warum? Füll deinen Terminkalender aus.

A Warum warst du am Montag zu spät?

B Ich mußte auf die Toilette gehen.

 7 Sabine macht eine Umfrage über Schulfächer und Hausaufgaben. Hör zu und schreib die Details auf.

Monika
Jörg
Carola
Thomas

Fach?   Wie?   Hausaufgaben?   Sonstiges?

einfach
praktisch
interessant
langweilig
schwierig
kompliziert
schrecklich
toll
nützlich
doof

 8 Stell Sabines Fragen und schreib die Resultate auf.

Wie findest du . . . ?
Bekommst du viele Hausaufgaben auf?

9 Was denkst du? Schreib deine Antworten ins Heft.

a) Ich finde Mathe nützlicher als Erdkunde.

a) Was findest du nützlicher? Erdkunde oder Mathe?

b) Was findest du wichtiger? Sport oder Biologie?

c) Was findest du einfacher? Deutsch oder Musik?

d) Was findest du schwieriger? Physik oder Religion?

 Kannst du andere Sätze schreiben?

10 Was bedeuten diese Wörter?

a) freundlich
b) böse
c) ungeduldig

d) hilfsbereit
e) doof
f) gut gelaunt

g) schlecht gelaunt
h) streng
i) pünktlich

 11 Hör zu. Schreib die Details über Frau Meyer, Herrn Fiedler, Frau Hermann und Herrn Hübner auf.

Musik – Frau Meyer – alt/Brille – streng/ungeduldig.

Fach?   Lehrer(in)?   Sonstiges?

 Beschreib die vier Lehrer(innen).

 12
A Wie findest du deinen Deutschlehrer?

Er ist streng, aber freundlich. B

13 Lies den Artikel. Sind die Sätze unten richtig oder falsch?

Liebe Leser(innen)!

In der letzten Ausgabe unseres Schulmagazins haben wir gefragt:
• Wer ist dein(e) Lieblings-lehrer(in)?
• Warum?
Vielen Dank für Eure Antworten – wir haben über 200 bekommen!

Hier sind die Ergebnisse:

Lehrer des Jahres

Herr Bügelmeier, der Sportlehrer. Er ist 38 Jahre alt und hat dunkle Haare und braune Augen. Er ist sehr sportlich (natürlich!)

und sehr muskulös. Er ist freundlich, meistens gut gelaunt und sehr geduldig.

Lehrerin des Jahres

Frau Kleist, die Physiklehrerin. Sie ist 49 Jahre alt und hat lockige, blonde Haare. Sie trägt eine Brille und große Ohrringe. Sie ist immer gut gelaunt, streng aber freundlich und sehr hilfsbereit.

Hilde Holger

Die Redaktion

a) Frau Kleist ist jünger als Herr Bügelmeier.
b) Beide Lehrer sind freundlich.
c) Herr Bügelmeier trägt eine Brille.

d) Die Lieblingslehrerin heißt Herr Bügelmeier.
e) Frau Kleist hilft oft der Klasse.
f) Frau Kleist trägt große Ohrringe.

 Schreib die falschen Sätze richtig auf.

14 A: Schreib den Namen einer Lehrerin oder eines Lehrers auf.
B: Du darfst nur 10 Fragen stellen. Wer ist der (die) Lehrer(in)?
A: Beantworte nur mit ja/nein.

15 Anke bekommt diesen Brief von ihrer Cousine, Birgit.

Garbsen, 23. September

Liebe Anke,

wie geht's! Ich freue mich schon auf meinen Besuch im nächsten Februar. Was machen wir?
Die Schule ist im Moment ein bißchen langweilig. Englisch gefällt mir überhaupt nicht – der neue Lehrer ist furchtbar streng und meistens schlecht gelaunt. In Mathe bekomme ich immer schlechte Noten, aber letzte Woche habe ich eine Eins in Sport gehabt. Prima, nicht wahr? Dieses Jahr finde ich Physik schwer – die Experimente sind zu kompliziert! Hast Du immer noch Probleme mit Informatik? Deutsch ist interessanter als letztes Jahr, weil die Lehrerin sehr sympathisch ist. Kunst ist besonders einfach im Moment – wir bauen Flugzeugmodelle! Wie findest Du die Schule dieses Jahr? Bekommst Du viele Hausaufgaben auf? Schreib bald wieder!
Deine Cousine
Birgit

Was macht Birgit gern? Was macht sie nicht gern? Mach zwei Listen.

  Schreib einen Brief über deine Schule.

+	-
	Englisch

PRIMA! DU KANNST JETZT . . .

fragen: Was ist die erste Stunde am Mittwoch? Wann beginnt die zweite Stunde am Donnerstag? Bekommst du viele Hausaufgaben auf?

sagen: um halb acht, um zehn vor neun, eine halbe Stunde, eine Stunde, zwischen einer und zwei Stunden

fragen: Wie findest du Informatik/Physik/Werken/Deutsch/Englisch/Biologie/Sport/Musik/Kunst/Geschichte/Erdkunde/Religion/Mathe?

sagen: Ich finde es wichtig/nützlich/interessant/einfach/toll/praktisch/doof/schwierig/schrecklich/kompliziert/langweilig/furchtbar.

fragen: Wie findest du dein(e) Deutschlehrer(in)?

sagen: Er/Sie ist hilfsbereit/pünktlich/gut gelaunt/freundlich/streng/ungeduldig/böse/schlecht gelaunt/doof.

fragen: Warum warst du am Mittwoch zu spät?

sagen: Es tut mir leid. Ich konnte meine Schulmappe nicht finden. Ich habe den Wecker nicht gehört. Ich habe den Bus verpaßt. Ich war krank. Ich mußte auf die Toilette gehen. Mein Hamster ist gestorben.

dreiundzwanzig **23**

PROJEKTSEITE

UNSERE SCHULE

A Zeichne eine Grafittimauer.

B Zeichne einen Plan von deiner Schule.

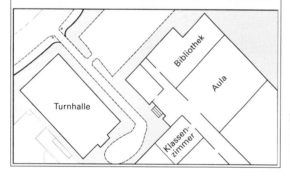

C Mach eine Kopie von deinem Stundenplan – auf deutsch natürlich!

D Nimm einen Brief über deine Schule auf Kassette auf.

E Mach ein Interview mit deinem Partner oder deiner Partnerin über die Schule.

F Hast du ein Foto von einem Lehrer oder einer Lehrerin? Kannst du ihn/sie beschreiben?

Er hat braune Haare und einen Schnurrbart. Er trägt ein graues Sweatshirt.

G Wie war die Schule letztes Jahr? Schreib Sätze auf.

Letztes Jahr war Mathe einfacher.

Infoseite

Alphabet and pronunciation

It is important to keep practising the alphabet!

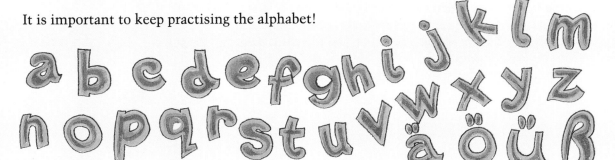

 Can you rap the German alphabet song?

Tongue twisters are an excellent way of practising fluency and pronunciation. See how quickly you can say them!

Fischers Fritz fischt frische Fische frische Fische fischt Fischers Fritz.

Zwei zischende Schlangen sitzen zwischen zwei spitzen Steinen.

Bäcker Bürger backt billig Brot. Billig Brot backt Bäcker Bürger.

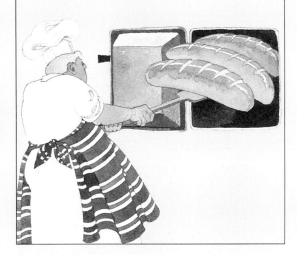

Hinter Hermann Hannes Haus hängen hundert Hemden raus hundert Hemden hängen raus hinter Hannes Hermanns Haus.

 A points to one of the pictures above and counts down *Drei, zwei, eins, los!*

A and B say the tongue twister as quickly as possible. Who can finish first?

Can you make up your own German tongue twister?

fünfundzwanzig **25**

Schule in Bayern

Diese Broschüre gibt Information über die verschiedenen Schulen in Bayern. Nach der Grundschule gibt es drei Möglichkeiten: die Hauptschule, die Realschule und das Gymnasium. Es gibt weder „bessere" noch „schlechtere" Schulen – es gibt eine Schulart für jedes Kind. Die Eltern entscheiden über die Schullaufbahn ihres Kindes.

DER RICHTIGE WEG FÜR MICH

Die Grundschule (Jahrgangstufen 1–4) ist die gemeinsame Schule für die Sechs- bis Zehnjährigen.

Die Hauptschule (Jahrgangstufen 5–9) konzentriert sich auf lebens- und berufsbezogenes Lernen.

Die Realschule (Jahrgangstufen 7–10) bietet eine allgemeine und berufsvorbereitende Bildung, die zwischen der Hauptschule und dem Gymnasium liegt.

Das Gymnasium (Jahrgangstufen 5–13) ist für junge Menschen, die fähig und bereit sind, eine akademische Bildung zu folgen.

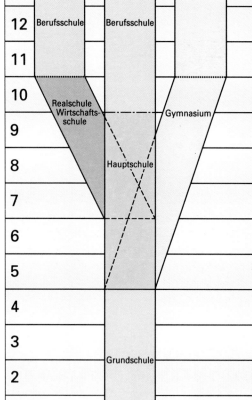

verschieden	different
Möglichkeiten (pl)	possibilities
eine Schulart	a type of school
entscheiden	to decide
lebens- und berufsbe-zogenes Lernen (n)	a vocational education
eine allgemeine Bildung	a general education
fähig	capable
bereit	ready

Die Wiener Sängerknaben

In Wien in Österreich gibt es eine besondere Schule – ein Internat für Jungen mit schönen Stimmen und Talent für Musik.

Die Schule befindet sich im schönen Augartenpalais in Wien und die Uniform ist weltberühmt – eine blaue Hose, ein weißes oder blaues Matrosenhemd und eine Matrosenmütze.

Die Schüler machen normalen Unterricht, aber auch ein intensives Studium der Musik. Ein typischer Tag ist Unterricht, Studium, Musik und Freizeit.

Wie wird man Sängerknabe?

Zweimal pro Jahr gibt es einen Kurztest für stimmbegabte Jungen im Alter von 7 bis 8 Jahren. Für die Sängerknaben ist diese besondere Schule kostenlos. Die Schule hat vier Chöre – mit 24 Knaben in jedem Chor. Normalerweise sind zwei Chöre in Wien in der Schule und zwei Chöre unterwegs.

Die Chöre singen überall in der Welt. Oft singen sie in Europa. Ein- bis zweimal pro Jahr reisen sie durch Nordamerika. Alle drei Jahre steht ein großes Asienturnier auf dem Terminplan. Alle vier Jahre fahren die Sängerknaben nach Südamerika, Australien, Neuseeland und Südafrika.

das Internat	*boarding school*
die Stimme	*voice*
weltberühmt	*world famous*
der Unterricht	*lessons*
der Sängerknabe	*choir boy*
der Chor(̈e)	*choir*

 # Freizeit macht Spaß!

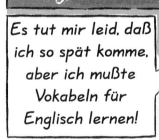

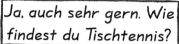

Ja, auch sehr gern. Wie findest du Tischtennis?

Es geht. Tischtennis ist Rolfs Lieblingssport. Ich spiele lieber Handball.

Rolf spielt viel besser als ich. Anke, du bist dran!

O.K.!

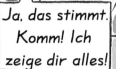

Man kann hier im Jugendhaus viel machen.

Ja, das stimmt. Komm! Ich zeige dir alles!

Hier haben wir einen Keramikofen. Keramik und Theater sind meine Lieblingshobbys.

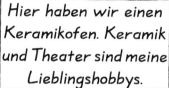

Viele Leute fotografieren gern, und wir haben eine Dunkelkammer.

Etwas laut, oder?

Das ist unsere Rockgruppe – sie üben hier zweimal pro Woche! Heute ist Eleni nicht da – normalerweise spielt sie Schlagzeug.

Anke spielt gut, nicht wahr?

O ja, sie ist sehr sportlich – sie fährt oft Rad, sie läuft gern Ski, sie tanzt viel . . .

Und Rolf?

Rolf ist Tischtennismeister, und er fotografiert sehr gern. Er sieht auch viel fern – ungefähr zwei Stunden pro Tag!

Ich bin müde. Rolf hat wieder gewonnen.

Habt ihr das Poster gesehen? Am Samstag gibt es eine Schatzsuche in der Stadt, und nächstes Jahr gibt es eine Reise nach Österreich mit Wassersport, Wanderungen, und so weiter. Kommt ihr mit?

Münchener Schatzsuche

Jugend Klub Reise

Lies die Geschichte nochmal. Hobbyquiz.

a) Wer tanzt gern?
b) Wer spielt lieber Handball als Tischtennis?
c) Wer sieht gern fern?

d) Wer fährt oft Rad?
e) Wer spielt ein Instrument?
f) Wer macht gern Keramik?

Kannst du die richtigen Antworten finden?

1 Wie oft kommen die jungen Leute ins Jugendhaus?
2. Warum kommt Rolf zu spät?
3. Was macht Andreas besonders gern?
4. Welches Instrument spielt Eleni?
5. Was macht Rolf ungefähr zwei Stunden pro Tag?

a) Sie spielt Schlagzeug.
b) Er mußte Vokabeln lernen.
c) Zwei- oder dreimal pro Woche.
d) Er sieht fern.
e) Keramik und Theater.

Hör zu. Wer braucht was?

Sieh dir die Liste und die Bilder an. Was paßt zusammen?

1e

Was machen Jugendliche in Deutschland gern?
Rangfolge der zehn wichtigsten Aktivitäten im Jahre 1993.

1. Ich höre gern Musik.
2. Ich sehe gern fern.
3. Ich mache Computerspiele.
4. Ich treibe Sport.
5. Ich treffe gern Freundinnen/ Freunde.
6. Ich lese gern.
7. Ich gehe gern ins Kino.
8. Ich schwimme gern.
9. Ich fahre Rad.
10. Ich spiele ein Instrument.

Hör zu. Was machen diese sechs jungen Leute gern?

1. Computerspiele, Kino

Was sind deine Lieblingshobbys?

A   B

Ich lese gern und ich spiele gern Fußball.

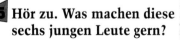

Schreib deine zehn Lieblingshobbys in einer Liste auf.

7 Hör zu. Welche Instrumente spielen
Mario, Volker, Sybille, Karl und Tanja?

8

Spielst du ein Instrument?
Wie oft übst du?

Ich spiele Schlagzeug in einer Rockgruppe im Jugendklub. Ich übe zwei oder drei Stunden pro Woche.

Und du? Spielst du ein Instrument? Wie oft übst du?
Schreib deine Antwort ins Heft.

9 Claudia, Fred, Sabine, Silke und Karl-Heinz gehen gern ins
Jugendhaus. Hör zu. Was machen sie gern? Schreib Notizen.

Claudia – schwimmen 3 x Woche, Handball, Trompete

Schreib deine Notizen in Sätzen auf.

Claudia geht gern schwimmen . . .

10 Lies das Gedicht. Ordne die Bilder
in der richtigen Reihenfolge.

Meine hektische Woche

Montags trainiere ich
Dienstags übe ich
Mittwochs spiele ich
Donnerstags laufe ich
Freitags tanze ich
Samstags schwimme ich
Sonntags schlafe ich . . .

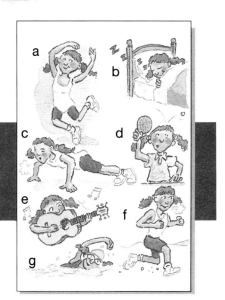

Kannst du auch ein Gedicht schreiben?

11 Lies den Artikel und ergänze die Sätze unten.

Letzten Samstag war das große Rollschuhfest im Sportzentrum Offenbach. Rollschuhtanzen ist im Moment sehr populär, und jede Woche gibt es eine Rollschuhdisco für junge Leute im Sportzentrum. Über hundert Jugendliche haben am Rollschuhtanzturnier teilgenommen! Nach zwei Stunden hektischen Tanzens und lauter Musik wurde Karl Fiedler (17J) der Gewinner. Er hat die Goldmedaille und einen Pokal gewonnen. Vor zwei Jahren hat Karl ein Paar Rollschuhe zum Geburtstag bekommen, und er war sofort begeistert! Er übt ungefähr zwei Stunden pro Tag und geht jede Woche zur Rollschuhdisco. Karl sagt „Rollschuhtanzen ist ein toller Sport – man bleibt fit, man kann im Sportzentrum, im Park oder auf Parkplätzen üben, und es kostet nicht viel."

Andere Gewinner:
Silbermedaille – Maria Eberhausen (18J)
Bronzemedaille – Kirsten Schuhmacher (15J)

Weitere Hinweise: Sportzentrum Offenbach
Telefon: 089/28 31 43

a) Das **?** war letzten Samstag.
b) Das Rollschuhtanzturnier war im **?** Offenbach.
c) Der Gewinner hat eine **?** und einen Pokal gewonnen.
d) Die Rollschuhdisco im Sportzentrum ist für **?**
e) Karl wurde Rollschuhfan mit **?** Jahren.
f) Karl **?** im Sportzentrum, im Park oder auf Parkplätzen.
g) Karl übt ungefähr **?** Stunden pro Woche.
h) Zwei **?** haben die anderen Medaillen gewonnen.

Rollschuhfest	übt	Jugendliche	Mädchen
Sportzentrum	vierzehn	Goldmedaille	fünfzehn

 12 Kurt, Annette und Rainer beschreiben ihre Hobbys.
Hör zu und schreib die Details ins Heft.

Hobby?   Wie oft?   Sonstiges?

13

Was machst du in deiner Freizeit?

A

B

Ich mache gern Computerspiele.

Wie oft machst du das?

A

B

Jeden Tag.

Gerlosen, 12. September

Liebe Anke,

wie geht es Dir? Hoffentlich gut! Mir geht
es im moment sehr gut – ich habe einen
neuen Freund! Er heißt Michael und
ist sechzehn Jahre alt. Er hat Geburtstag am gleichen Tag wie ich! Ich habe
ihn im Sportverein kennengelernt. Er
spielt in der Volleyballmannschaft und
ist sehr muskulös! Er trainiert viermal
pro Woche, und nächstes Wochenende
spielt die Mannschaft in einem großen
Turnier. Hoffentlich gewinnen sie! Ich
habe auch ein neues Hobby – ich sammle
Zuckerpäckchen! Ich habe schon dreiundzwanzig verschiedene Päckchen gesammelt.
Hoffentlich finde ich neue Pakete, wenn
ich nach München komme ...

Bis bald. Schreib' bald wieder und erzähl
mir ein bißchen über das, was Du im
moment machst.

Deine Cousine
Birgit

 14 Sieh dir Birgits Brief an und
beantworte die folgenden Fragen.

1. Wie alt ist Michael?
   a) 14   b) 16

2. Welchen Sport treibt er gern?
   a) Volleyball   b) Fußball

3. Wie oft spielt er?
   a) jeden Tag   b) viermal pro Woche

4. Was sammelt Birgit?
   a) Zuckerpäckchen   b) Postkarten

 Kannst du einen Brief über (d)eine Freundin
oder (d)einen Freund schreiben?

PRIMA! DU KANNST JETZT . . .

fragen: Was machst du in deiner Freizeit?
Was sind deine Lieblingshobbys?

sagen: Ich höre gern Musik. Ich sehe gern
fern. Ich mache Computerspiele.
Ich treibe Sport. Ich treffe
Freundinnen/Freunde. Ich lese gern.
Ich gehe gern ins Kino. Ich
schwimme gern. Ich fahre Rad. Ich
spiele ein Instrument.

fragen: Spielst du ein Instrument?

sagen: Ich spiele Schlagzeug/Cello/
Gitarre/Blockflöte/Trompete/
Glockenspiel/Klavier/Keyboard.

fragen: Wie oft machst du das? Wie oft übst
du?

sagen: Ich übe zweimal pro Woche, drei
Stunden pro Tag, oft, ab und zu,
manchmal, jeden Tag, jeden Freitag.

PROJEKTSEITE

A Zeichne ein Poster für ein Jugendhaus.
Was kann man dort machen?
Was kostet es?
Wo ist es?
Wann kann man dorthin gehen?

B Mach zehn Interviews über Hobbys. Schreib die Resultate auf.

C Was ist dein Lieblingshobby? Wie oft machst du das? Wo machst du das?

Ich mache gern Judo. Ich trainiere zweimal pro Woche im Sportverein. Ich möchte meinen schwarzen Gürtel gewinnen.

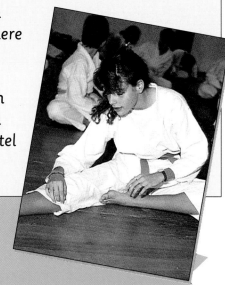

D Deine Rockgruppe braucht zwei Gitarristen (Gitarristinnen). Schreib eine Kleinanzeige.

Wir heißen . . .
Wir treffen uns am . . .
Wir üben . . . pro
   Woche

E Bereite eine kleine Rede über deine Hobbys vor. Sag so viel wie möglich!

F Kannst du einen Brief über deine Hobbys schreiben?

Asking and answering questions

How many question words can you find in this shape?

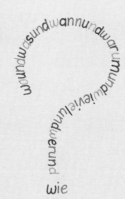

Did you find them all? There are seven question words and they all begin with *w*!

Can you remember what they all mean? Complete the sentences below with a suitable question word.

1. **?** machst du gern?   Ich spiele gern Tennis.
2. **?** wohnst du?   Ich wohne in Dresden.
3. **?** alt bist du?   Ich bin vierzehn Jahre alt.
4. **?** ist dein Lieblingspopstar?   Madonna.
5. **?** kommst du nicht zur Disco?   Ich habe Kopfschmerzen.
6. **?** Uhr ist es?   Es ist neun Uhr.
7. **?** hast du Geburtstag?   Am achten Oktober.

Tip! Sometimes when you are asked a question, it can take a few moments to work out your answer. If you want to avoid embarrassing silences, you could use one of these 'fillers'.

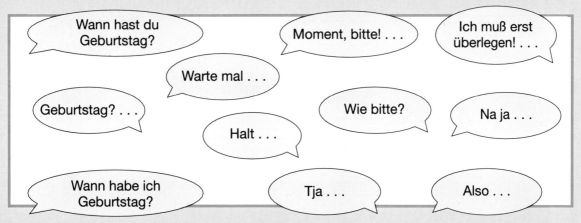

Practise asking and answering simple questions, such as: *Was machst du gern am Wochenende? Hast du Geschwister? Hast du Haustiere? Was ist die erste Stunde am Montag?* Use the 'fillers' above if you need to!

LERNZIELE

You will learn . . .
- how to recognise and name some of the sights in Munich
- how to ask where places in a town are
- how to describe where places are
- how to ask how far it is
- how to say how far it is.

 ## Die Schatzsuche

Wir müssen zum Kino!

Ja, richtig. Schnell!

Wo ist das Kino?

Nicht weit. Es ist in der Neuhauserstraße neben dem Zeitungskiosk.

Und jetzt die dritte Frage: Wie hoch ist der Turm des Rathauses?

Wir müssen dorthin gehen.

Die Kaufingerstraße entlang – ungefähr fünfhundert Meter und dann über den Marienplatz.

So weit! Und ich habe Hunger!

Schnell! Um elf Uhr gibt es auch das Glockenspiel.

Einige Minuten später

Schön, nicht?   Toll!

Entschuldigen Sie, bitte. Wie hoch ist der Turm?

85 Meter.

Danke.

Ich habe Magenschmerzen. Ich muß etwas essen!

Keine Zeit, Rolf!

Zwei Stunden später

Was ist die letzte Frage?

Was kostet ein Hamburger im amerikanischen Restaurant in der Neuhauserstraße?

Das weiß ich! Dort gibt es McDonald's neben der U-Bahn und der Boutique. Dorthin müssen wir gehen! Schnell! Endlich kann ich etwas essen!

München ist toll. Es gibt so viel zu sehen!

Möchtest du das Olympiastadion sehen? Wir können mit dem Fahrrad dorthin fahren. Hast du morgen Zeit?

1 Lies die Geschichte.

1. Wo beginnt die Schatzsuche?
2. Wo findet die Gruppe die erste Antwort?
3. Und die zweite Antwort?
4. Und die dritte Antwort?
5. Und die letzte Antwort?

a am Restaurant McDonald's

b am Kino   c am Rathaus

d unter dem Karlstor   e an der Bank

2 Ergänze diese Sätze.

a) Die Hypo-Bank ist auf der rechten Seite neben der ❓ und gegenüber vom ❓

b) Das Kino ist in der ❓ neben dem ❓

c) Das Rathaus ist auf dem ❓

d) McDonald's ist neben der ❓ und der ❓

Neuhauserstraße		Marienplatz	U-Bahn
Kaufhof	Bäckerei	Boutique	Zeitungskiosk

3 Hör zu. Es gibt einen kleinen Stadtrundgang. Ordne die Fotos in der richtigen Reihenfolge.

4 Sieh dir den Stadtplan unten an.
Wähl die richtige Antwort.

1. Wo ist die Frauenkirche?
   a) auf dem Frauenplatz
   b) auf dem Marienplatz

2. Wo ist das Residenztheater?
   a) auf dem Promenadeplatz
   b) auf dem Marstallplatz

3. Wo ist das Völkerkundemuseum?
   a) in der Kaufingerstraße
   b) in der Knöbelstraße

4. Wo ist das Verkehrsamt?
   a) in der Pettenbeckstraße
   b) in der Maximilianstraße

5. Wie weit ist es von der Frauenkirche zur Residenz?
   a) ungefähr hundert Meter
   b) ungefähr vierhundert Meter

6. Wie weit ist es von der Frauenkirche zum Neuen Rathaus?
   a) ungefähr zweihundert Meter
   b) ungefähr vierhundert Meter

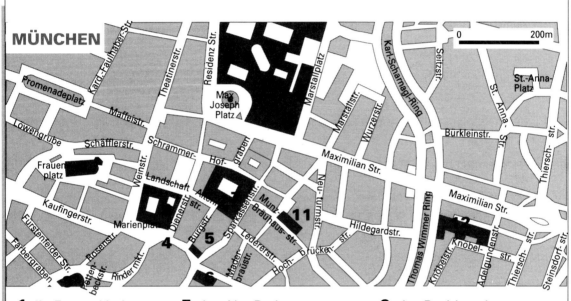

1 die Frauenkirche   **5** das Alte Rathaus   **9** das Residenztheater
2 das Neue Rathaus   **6** das Spielzeugmuseum   **10** das Nationaltheater
3 das Verkehrsamt   **7** der Alter Hof   **11** das Hofbräuhaus
4 die S-Bahn   **8** die Residenz   **12** das Völkerkundemuseum

 5 Ihr braucht zwei Würfel. Seht euch den Stadtplan und die
12 Gebäude oben an. Ihr seid auf dem Frauenplatz.

A: Vier: Wo ist die S-Bahn?

B: Auf dem Marienplatz.

A: Wie weit ist es?

B: Ungefähr 200 Meter.

B: Zehn: Wo ist das Nationaltheater?

 Schreib Sätze ins Heft.

Die Frauenkirche ist auf dem Frauenplatz.

6 Trag diesen Plan ins Heft ein. Hör zu. Füll den Plan aus.

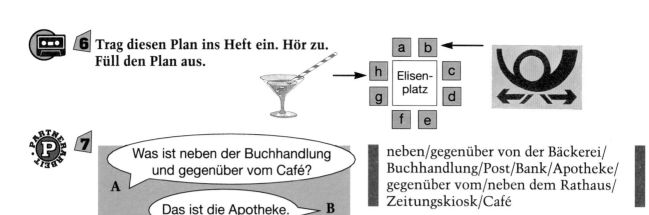

7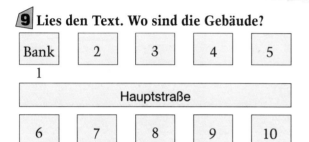

A: Was ist neben der Buchhandlung und gegenüber vom Café?

B: Das ist die Apotheke.

neben/gegenüber von der Bäckerei/Buchhandlung/Post/Bank/Apotheke/gegenüber vom/neben dem Rathaus/Zeitungskiosk/Café

8 Beschreib den Elisenplatz.

Die Bank ist neben dem Café und gegenüber von der Bäckerei.

9 Lies den Text. Wo sind die Gebäude?

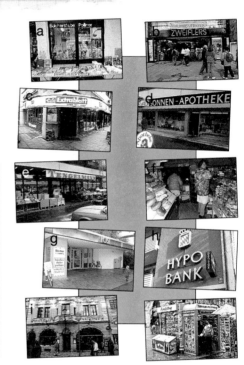

Bank 1	2	3	4	5

Hauptstraße

6	7	8	9	10

Am Ende der Hauptstraße ist die Bank. Neben der Bank ist die Post. Es gibt eine Bäckerei gegenüber von der Bank. Neben der Bäckerei und gegenüber von der Post ist der Supermarkt. Es gibt ein Café neben dem Supermarkt, und gegenüber vom Café ist die Buchhandlung. Neben der Buchhandlung gibt es einen Zeitungskiosk. Gegenüber vom Kiosk ist eine Apotheke. Das Restaurant ist neben der Apotheke, und es gibt eine Boutique gegenüber vom Restaurant.

10 A: Wähl ein Gebäude in der Hauptstraße oben. Antworte nur mit ja oder nein.

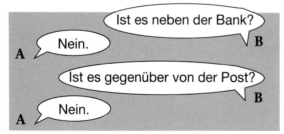

B: Ist es neben der Bank?
A: Nein.
B: Ist es gegenüber von der Post?
A: Nein.

B: Ist es neben dem Supermarkt?
A: Ja!
B: Ist es das Café?
A: Ja. Vier Fragen. Jetzt bist du dran!

11 Hör zu und schreib die Details auf.

Was?   Wo?   Wo genau?   Wie weit?

München, Hauptstadt vom Freistaat Bayern mit ungefähr 1,5 Millionen Einwohnern, ist nach Berlin und Hamburg die drittgrößte Stadt Deutschlands.

Tips für Touristen!

- Frauenkirche (Frauenplatz) mit zwei Türmen (99 m und 100 m hoch)
- Dreifaltigkeitskirche (Pacellistr.) wurde in 1718 gebaut.
- Residenz – Die Residenz ist von der Residenzstraße, der Hofgartenstraße, vom Marstallplatz, von der Maximilianstraße und vom Max-Joseph-Platz umgeben.
- Altes Rathaus (Ostende des Marienplatzes). Der 55 m hohe Turm wurde nach dem Zweiten Weltkrieg wiederaufgebaut.
- Fernsehturm (Olympiagelände, offiziell: Olympiaturm) wurde in den Jahren 1965–68 errichtet und gehört mit seinen 290 m Höhe zu den höchsten Stahlbetonkonstruktionen der Welt.
- Neues Rathaus. Jeweils um 11 Uhr (im Sommer auch um 17 Uhr) ist das Glockenspiel im Turm (85 m) zu hören.
- Englischer Garten. Er ist 5 km lang und 2 km breit. Im Park befinden sich der Chinesische Turm und das Japanische Teehaus.

12 Lies den Artikel. Richtig oder falsch?

a) Berlin und Hamburg sind größer als München.
b) Die Frauenkirche hat zwei Türme. Sie sind 99 und 100 Meter hoch.
c) Das Alte Rathaus ist in der Pacellistraße.
d) Das Glockenspiel ist jeden Tag um elf Uhr.
e) Der Fernsehturm wurde im Zweiten Weltkrieg aufgebaut.
f) Der Englische Garten ist sehr klein.

 Schreib die falschen Sätze richtig auf.

PRIMA! DU KANNST JETZT . . .

fragen: Wo ist die Frauenkirche/das Neue Rathaus/das Verkehrsamt/ die S-Bahn/das Alte Rathaus/ das Spielzeugmuseum/der Alte Hof/ die Residenz/das Residenztheater/ das Nationaltheater/das Hofbräu-haus/das Völkerkundemuseum?
sagen: Es ist auf dem Frauenplatz. Es ist in der Maximilianstraße.

fragen: Wie weit ist es?
sagen: Ungefähr hundert Meter.

fragen: Was ist neben der/gegenüber von der Bäckerei/Apotheke/Post/Bank/ Boutique/Buchhandlung?
Was ist neben dem/gegenüber vom Restaurant/Supermarkt/ Zeitungskiosk/Rathaus/Café?
sagen: Das ist der Supermarkt/Zeitungs-kiosk. Das ist die Bäckerei/Post/ Apotheke/Bank/Boutique/ Buchhandlung. Das ist das Café/ Rathaus/Restaurant.

A Zeichne einen Plan von deiner idealen Hauptstraße.

Beschreib (mündlich und/oder schriftlich) deine Hauptstraße.

B Zeichne ein Touristenposter für deine Stadt/Gegend.

C Du bist zu Hause. Macht Dialoge.

A Wo ist die Post?

B In der Churchstraße, gegenüber von der Kirche.

A Ist es weit?

B Ungefähr fünfzig Meter.

D Zeichne ein Poster für eine Tour in deiner Stadt.

STADTTOUR

Wann?

Um wieviel Uhr?

Preis?

Treffpunkt?

Wohin?

HELMSTEDT

FUSSGÄNGERZONE
Neumärker Straße mit "Hausmannsturm", Stadttor nach Westen

Stadt der Begegnung

Schauen Sie sich bei uns um, es lohnt sich !

Wir freuen uns auf Ihren Besuch

E Mach einen Kommentar (auf Kassette oder Video) für einen Stadtrundgang in deiner Stadt.

Reading skills

Reading is one of the best ways of improving your German! There are lots of different types of reading for you to enjoy in *Gute Reise!* stage 2: a cartoon story, magazine articles, letters, simple passages and poems.

Here are some tips to help you practise your reading skills.

1. Use any titles or illustrations (drawings, photos, charts, graphs) to predict what the text might be about. Read the text to find out if you are right!

2. Listen to the passage (on tape or read by your teacher or foreign language assistant) as you read it. This will help you to get used to the overall meaning of the passage. You could then practise reading it aloud, too!

3. If there are questions about the passage, it may help to read them first. Then allow yourself a limited amount of time to find the answers to the questions in the passage. You'll find that you don't need to know every word to understand the meaning. Remember that the questions are usually in the same order as the answers in the passage!

4. A good way to practise your reading skills is to write some questions on the text. Try your questions out on your teacher and friends!

5. If you are finding a passage difficult to understand, look up the new words in a dictionary or the alphabetical word list and try again. It often helps to look up the nouns (they always begin with a capital letter) first. Why not work with a partner to read and understand a difficult passage?

6. It is a good idea to re-read texts you are familiar with. It's an excellent way of revising vocabulary! As you progress through *Gute Reise!* stage 2, why not re-read the previous episodes of the cartoon story? The more you practise, the easier you'll find reading!

```
        S
       P I
      T Z E
     B E R G
    B E R G E
   B E R G E N
```

Oh, toll! Ist das Rad ein Weihnachtsgeschenk?

Ja, von meinen Eltern.

Du hast Glück!

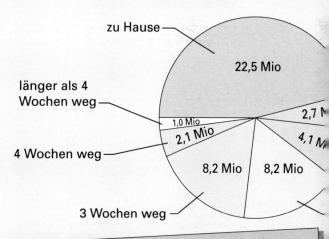

zu Hause — 22,5 Mio

länger als 4 Wochen weg — 1,0 Mio / 2,1 Mio

4 Wochen weg

2,7 M

4,1 M

8,2 Mio   8,2 Mio

3 Wochen weg

Letzten Samstag war das große Rollschuhfest im Sportzentrum Offenbach. Rollschuhtanzen ist im Moment sehr populär, und jede Woche gibt es eine Rollschuhdisco für junge Leute im Sportzentrum. Über hundert Jugendliche haben am Rollschuhtanzturnier teilgenommen! Nach zwei Stunden hektischen Tanzens und lauter Musik wurde Karl Fiedler (17J) der Gewinner. Er hat die Goldmedaille und einen Pokal gewonnen. Vor zwei Jahren hat Karl ein Paar Rollschuhe zum

Wiederholung

Peter und Anke

1. Toll, nicht wahr?

O ja. Das finde ich schön!

2. Ich habe Durst. Wollen wir etwas trinken?

Gute Idee! Ist hier in der Nähe ein Café?

3. Ja, es gibt ein gutes Café neben dem Olympiaturm. Es ist nicht weit.

4. Eine Limo und ein Schokoladeneis für mich, bitte.

Ich möchte eine Cola und ein Spaghettieis.

5. Hast du immer in München gewohnt?

Ja, ich bin hier geboren. Und du, warum bist du nach München gekommen?

6. Meine Mutter ist Ernährungsexpertin für eine Firma in Dresden, aber sie muß ein Jahr an der Universität hier in München eine Forschungsarbeit machen.

Nur ein Jahr! Schade!

7. Das macht achtzehn Mark fünfzig.

Zwanzig Mark. Danke.

Danke sehr.

8. Komm! Jetzt zeige ich dir das Olympia-Stadion.

1

A — Wo ist das Spaghettieis?

B — Bild 4.

2 Was paßt zusammen?

a) Wo sind Peter und Anke?
b) Wer ist Ernährungsexpertin?
c) Was kostet achtzehn Mark fünfzig?
d) Wann war Peter in England?
e) Wo wohnt Peters Brieffreund?
f) Was ist 290 Meter hoch?
g) Was ist Bayern München?
h) Wer ist ein großer Fußballfan?
i) Wer ist neben dem Biergarten?
j) Warum muß Anke nach Hause fahren?

1. Peters Mutter
2. Ankes Bruder
3. Frau Martin, die Kunstlehrerin
4. Sie muß Vokabeln lernen und einen Brief schreiben
5. Der Olympiaturm
6. Im Olympiapark
7. In Manchester
8. Eine Fußballmannschaft
9. Letzten Sommer
10. Zwei Getränke und zwei Eis

3 Im Olympiapark gibt es die Olympia-Schwimmhalle. Hör zu und mach Notizen. Dann zeichne ein Poster für die Schwimmhalle.

4 Anke schreibt an ihre Cousine, Birgit. Kannst du den Brief fertigschreiben?

> München, den 27. Oktober
>
> Liebe Birgit,
>
> wie geht es Dir? Ich habe auch einen neuen Freund! Er heißt …

KULTURINFO

Das Charakterspiel

Wie heißt du?

Was ist dein Lieblingsfach?

Wo warst du in den Ferien?

Was für Hobbys hast du?

LERNZIELE

You will learn . . .

- how to talk about the money you save
- how to talk about spending your pocket money
- how to talk about part-time jobs.

 # Weihnachtsvorbereitungen!

1 Quiz

a) Wer ist pleite?

b) Wer besucht die Tante am Sonntag?

c) Wer bekommt ein neues Rad?

d) Wer möchte einen Schal und Handschuhe kaufen?

e) Wer möchte Ohrringe kaufen?

f) Wer hat ein Schaukelpferd gekauft?

g) Wer hat einen Teddybär gekauft?

h) Wer hat einen Radunfall?

2 Beantworte die folgenden Fragen.

1. Was will Andreas übers Wochenende machen?

2. Wofür hat Eleni viel Geld gespart?

3. Wann treffen sich Rolf, Eleni und Peter?

4. Wo treffen sie sich?

5. Wie finden die Jungen Elenis Rad?

6. Was hat das Schaukelpferd gekostet?

7. Wo müssen Radfahrer absteigen?

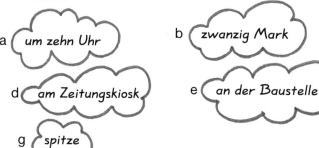

a um zehn Uhr

b zwanzig Mark

c Pfandflaschen finden

d am Zeitungskiosk

e an der Baustelle

f für Weihnachtsgeschenke

g spitze

3 Wofür spart sie? Hör zu. Ordne die Bilder in der richtigen Reihenfolge.

 Wofür sparst du? Schreib deine Antwort ins Heft.

Ich spare für . . .

einen Computer	ein Auto
einen Fernseher	ein Fahrrad
einen Fotoapparat	die Ferien
einen Walkman	Kassetten
eine Stereoanlage	Kleidung

KULTURINFO

HEIDELBERGER WEIHNACHTS-MARKT
30.NOV.–23.DEZ. '93

Heidelberg
Verkehrsverein

UNIVERSITÄTSPLATZ UND MARKTPLATZ
MO, DI, MI, FR, 11⁰⁰–20⁰⁰
DO, SA, SO, 11⁰⁰–21⁰⁰

4

A Wofür sparst du?

Ich spare gar nicht. B

A Wofür sparst du?

Ich spare für die Ferien und Kleidung. C

5 Wofür geben sie ihr Taschengeld aus? | Sabine: d, f

1. Sabine

Jeden Freitag bekomme ich zwölf Mark. Ich kaufe davon Süßigkeiten, zum Beispiel Gummibären! Manchmal kaufe ich auch Make-up.

2. Claudia

Ich bekomme nicht viel Taschengeld, nur acht Mark pro Woche. Aber ich gebe es für Getränke und Schokolade im Jugendklub aus.

3. Dieter

Ich bekomme zwanzig Mark pro Woche, aber ich muß meine Kleidung, Schreibwaren für die Schule und Geschenke davon kaufen.

4. Markus

Ich bekomme fünfzehn Mark Taschengeld pro Woche von meinen Eltern. Ich gebe es für Computerspiele aus, und manchmal kaufe ich auch Kassetten – meine Lieblingsgruppe heißt OK! Ich kaufe nie Süßigkeiten – sie sind ungesund.

5. Karin

Ich bekomme sechzehn Mark pro Woche. Davon kaufe ich Briefmarken und Kaugummi, ein Päckchen am Tag!

6 Und du? Schreib deine Antwort ins Heft.

Ich gebe mein Taschengeld für . . . aus.

7 Hör zu. Diese fünf Jugendlichen sprechen über ihr Taschengeld. Schreib die Details ins Heft.

Inge
Petra
Kurt
Annette
Dirk

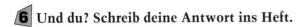

Wieviel Taschengeld?   Pro Woche oder Monat?   Wofür?

 Schreib Sätze ins Heft.

Inge bekommt zwölf Mark Taschengeld pro Woche. Sie gibt es für Comics und Computerspiele aus.

8

A Bekommst du Taschengeld?

B Ja. Ich bekomme fünf Pfund jeden Freitag.

A Wofür gibst du dein Taschengeld aus?

B Ich kaufe davon Comics und Süßigkeiten.

A Wieviel Taschengeld bekommst du?

C Ich bekomme vier Pfund pro Woche.

A Wofür gibst du es aus?

C Ich kaufe Kassetten und Comics.

  Schreib Sätze ins Heft.

Mark bekommt zehn Pfund Taschengeld.
Er kauft davon Briefmarken und Kassetten.

9 Lies den Artikel und beantworte folgende Fragen.

JUGENDLICHE IN GROSSBRITANNIEN ARBEITEN VIEL IN IHRER FREIZEIT!

In Großbritannien haben viele junge Leute einen Job nach der Schule oder am Wochenende. Warum? Um Geld zu verdienen!

1. Jane Ich arbeite jeden Samstag von neun bis siebzehn Uhr beim Friseur in meiner Stadt. Dafür bekomme ich achtzehn Pfund. Ich finde die Arbeit interessant! Später möchte ich als Friseurin arbeiten.

2. Felicity Ich arbeite, um Geld zu verdienen. Am Samstagabend habe ich immer zwanzig Pfund in der Tasche. Das finde ich gut! Dafür muß ich auch viel arbeiten: drei Stunden am Freitagabend und am

Samstag von acht bis vierzehn Uhr. Ich arbeite in einem großen Supermarkt am Stadtrand. Die Arbeit finde ich sehr langweilig!

3. John Ich mache Babysitting für meine Nachbarn, ein- oder zweimal pro Woche. Ich verdiene zwei Pfund pro Stunde – am Samstagabend mehr! Die Arbeit gefällt mir gut, weil ich Kinder mag!

4. Simon Ich trage jeden Tag Zeitungen aus, bevor die Schule anfängt. Dafür muß ich früh aufstehen. Ich verdiene dabei zehn Pfund pro Woche. Aber ich bekomme auch oft Trinkgeld (meistens zu Weihnachten). Im Sommer macht die Arbeit Spaß. Aber im Winter, wenn es draußen kalt und dunkel ist, finde ich den Job schrecklich.

a) Wer arbeitet samstags?

b) Wer arbeitet neun Stunden pro Woche?

c) Wer muß jeden Tag arbeiten?

d) Wann bekommt John mehr Geld?

e) Wie findet Simon die Arbeit im Sommer?

f) Was möchte Jane später machen?

g) Wo arbeitet Felicity?

h) Wann bekommt Simon meistens Trinkgeld?

10 Hör zu. Wie verdienen diese drei Jugendlichen Geld? Schreib die Details ins Heft.

Was? Wann? Meinung? Wieviel?

11 Wähl eine Person aus Übung 9 und mach ein Interview.

A Hast du einen Job?

B Ja, ich arbeite in einem Supermarkt.

A Wann arbeitest du?

B Am Freitagabend und von acht bis vierzehn Uhr am Samstag.

A Wieviel Geld verdienst du?

B Zwanzig Pfund.

A Wie findest du die Arbeit?

B Ich finde sie ziemlich langweilig.

DER FREIZEITKONSUM VON JUGENDLICHEN (10–16 JAHREN) IM ZEITVERGLEICH VON 1987 BIS 1992

Aufwendungen eines Jugendlichen pro Jahr für Freizeitgüter in DM

- 1987 DM 437
- 1992 DM 813

	Besuch von Theater-, Kinoveranstaltungen u.a.	Bücher, Zeitschriften, Zeitungen	Spiele, Spielzeug	Sonstiger Freizeitbedarf Taschenrechner, Musikinstrumente u.a.	Radio, Fernsehen	Sport, Sportveranstaltungen, Campingartikel
1987	25	37	43	81	100	151
1992	32	59	102	183	168	269

Taschengeldhorror!

1992 bekommen Jugendliche in Deutschland viel Taschengeld – im Durchschnitt DM 15 pro Woche. 1992 brauchen sie mehr Geld für Spiele als 1987, weil viele Jugendliche jetzt Computerspiele kaufen. Sie brauchen auch mehr Geld fürs Fernsehen, weil Videoverleih populärer ist. Junge Leute brauchen viel Taschengeld für Sportkleidung und -artikel. Ein Paar Nike-Sportschuhe ist teuer!

12 **Lies den Artikel. Richtig oder falsch?**

a) Jugendliche brauchen mehr Taschengeld für Bücher, Zeitschriften und Zeitungen als für Sportartikel.

b) 1992 brauchen Jugendliche mehr Taschengeld für Spiele als 1987.

c) 1992 kaufen Jugendliche mehr Computerspiele als 1987.

d) Im Durchschnitt brauchen junge Leute jetzt DM 95 für Bücher, Zeitschriften und Zeitungen.

e) 1987 war Videoverleih nicht so populär.

PRIMA! DU KANNST JETZT . . . ▼

fragen: Wofür sparst du?

sagen: Ich spare gar nicht. Ich spare für einen Walkman/einen Fernseher/ einen Computer/einen Fotoapparat/ eine Stereoanlage/ein Fahrrad/ein Auto/Kassetten/Kleidung/die Ferien.

fragen: Wieviel Taschengeld bekommst du? Bekommst du Taschengeld?

sagen: Ich bekomme zehn Mark jeden Freitag/pro Woche/pro Monat.

fragen: Wofür gibst du dein Taschengeld aus?

sagen: Ich kaufe (davon) Getränke/Comics/ Zeitschriften/Bücher/Süßigkeiten/ Schokolade/Briefmarken/ Schreibwaren/Computerspiele/ Geschenke/Kaugummi/Make-up. Ich gebe es für . . . aus.

fragen: Hast du einen Job?

sagen: Ich arbeite in einem Supermarkt. Ich arbeite beim Friseur. Ich trage Zeitungen aus. Ich mache Babysitting.

fragen: Wann arbeitest du?

sagen: Einmal pro Woche. Jeden Tag. Von neun bis elf Uhr.

fragen: Wieviel Geld verdienst du?

sagen: Ich verdiene zwei Pfund pro Stunde.

fragen: Wie findest du die Arbeit?

sagen: Ich finde sie langweilig/ganz gut/ schrecklich. Die Arbeit gefällt mir gut.

A Wofür gibst du dein Geld aus? Schreib eine Liste.

Taschengeld = £ 4	Ich spare £5 für meine Ferien.
Babysitting = £ 6	Ich kaufe:
———	Zeitschriften = £1.50
£10	Getränke / Süßigkeiten = £2
	Videoverleih = £1.50

B Entwirf eine Kleinanzeige für einen Samstagsjob in deiner Stadt.

CLEAN CAR
Autoservice

Gelegenheit!

sucht für seine Waschstraße

2 Mitarbeiter(innen) für Wochenenden.

Samstags 9-14 Uhr

Sonntags 9-12 Uhr

Verdienst: DM 10 pro Stunde

Besondere Vorkenntnisse sind nicht erforderlich.

Bitte melden Sie sich in unserem Büro in der Hildesheimer Straße 216 bei Herrn Kuhlmann.

C Mach ein Interview über Geld! Dann nimm den Dialog auf Kassette auf.

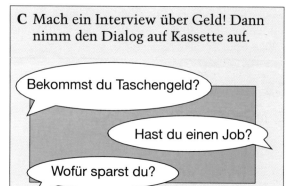

Bekommst du Taschengeld?

Hast du einen Job?

Wofür sparst du?

D Schreib einen kurzen Artikel über Geld für eine Zeitschrift!

Wie sieht es in deiner Klasse mit Jobs aus?

54 vierundfünfzig

Infoseite

Listening skills

As you learn more and more German, you will need to sharpen up your listening skills. Here are some tips to help you!

1. Always read the instructions carefully. The instructions will help you to know what type of listening you are doing:
Are you listening for very specific details?
Are you listening for the general meaning, when you don't need to understand everything that is being said?
Try to be as clear as you can about who is speaking, when and where they are, and what they are going to be talking about!

2. Often you can predict what you might hear. It always helps to remind yourself of the German vocabulary in advance. Look at the activity below. It would be useful to practise numbers and pocket money items before you listen to the cassette, wouldn't it?

4. If you have to make notes about what you hear, you may find it easier to write the key words down in German, so that you don't have to listen, write and translate at the same time. Don't worry about the spelling as you make the notes, but remember to check afterwards using a dictionary or the alphabetical word list.

Hier spricht Tanja. Schreib die Details ins Heft.

Diese jungen Leute sprechen über Taschengeld.   Hör zu und schreib die Details ins Heft.

Sybille Ingrid Franz	Name	Wieviel?	Wofür?

3. Remember that listening is more than knowing what individual words mean! The way the words are said (as well as facial expressions and gesture in 'live' listening) can be helpful, too.

Mario is trying to make a date with some friends. How do his friends reply? Does their tone of voice give you any clues about their reply?

LERNZIELE

You will learn . . .
- how to invite someone out
- how to give reasons why you cannot do something
- how to say what clothes you wear for different activities.

 # Silvesterabend

Habt ihr den Zettel gesehen? Silvester gibt es ein großes Feuerwerk im Stadtpark.

Toll! Ich gehe gern zum Feuerwerk. Kommt ihr mit?

Ja, Feuerwerk finde ich schön!

Am Silvesterabend gehe ich schon mit meiner Familie aus.

Neujahr bin ich nicht zu Hause. Wir essen Fondue bei meiner Großmutter in Celle.

Und du, Eleni? Kommst du mit?

Ich darf sicher nicht. Meine Eltern sind sehr streng. Und nach dem Radunfall . . .

Dann gehen wir zusammen, Anke!

Darauf freue ich mich schon!

Später am Abend

Was machst du, Anke?

Ich habe nichts Schönes anzuziehen!

Nichts Schönes! Normalerweise ziehst du nur Jeans und ein T-Shirt an!

Ja, ich weiß! Aber am Silvesterabend gehen Peter und ich zum Feuerwerk, und ich möchte was Schönes anziehen.

Zum Feuerwerk im Stadtpark? Mit Peter? Nein, Anke! Das geht nicht! Dort sind immer so viele Leute . . .

Aber, Mutti!

Grüß dich! Du siehst schön aus, Anke!

Danke. Hast du eine neue Jacke? Sie sieht super aus! Und vielen Dank für den Teddybär – er ist wirklich süß!

Nein, absolut nicht, Anke. Es ist zu gefährlich!

Und wann mußt du zu Hause sein?

Was?

Was hast du zu Weihnachten bekommen?

Ich darf eigentlich nicht zum Feuerwerk... meine Mutter hat es verboten!

Aber ich war clever... Ich habe meiner Mutter erzählt, daß ich bei Eleni bin!

Hauptsächlich Kleidung – eine schwarze Hose, ein weißes Sporthemd, gestreifte Handschuhe...

Und du?

Die Zuckerwatte schmeckt gut!

Von meiner Mutter habe ich diese Jacke und einen Walkman bekommen. Tolle Geschenke!

Die Berliner sehen auch lecker aus.

Schau! Die roten Sterne sind wunderschön!

Und der goldene Regen! Fabelhaft!

Da ist deine Mutter, Peter! ... Mit Herrn Jäger!

Was!

Eleni! Ist Anke nicht bei dir? Wo ist sie denn?

1 **Beantworte die folgenden Fragen.**

1. Wo ist das Feuerwerk?
2. Wo verbringt Andreas den Silvesterabend?
3. Was macht Rolf am Silvesterabend?
4. Warum darf Anke nicht zum Feuerwerk gehen?
5. Wen sieht Anke beim Feuerwerk?

a *Er geht mit seiner Familie aus.*

b *Es ist zu gefährlich mit so vielen Leuten.*

c *Bei seiner Großmutter.*

d *Peters Mutter mit Herrn Jäger.*

e *Im Stadtpark.*

2 **Wähl die richtige Antwort.**

1. Zu Weihnachten hat Anke   a) Kleidung   b) einen Walkman   bekommen.
2. Peter und Anke essen   a) Obst   b) Süßigkeiten   beim Feuerwerk.
3. Anke hat einen Teddybär von   a) Peter   b) Rolf   bekommen.
4. Anke zieht   a) Jeans   b) einen Minirock   zum Feuerwerk an.
5. Ankes Mutter ruft   a) Eleni   b) Rolf   an, aber Anke ist nicht da!

 EXTRA! Schreib die richtigen Sätze ins Heft auf.

 3

A Was machst du am Silvesterabend?

B Ich gehe in die Disco.

A Das ist Bild e.

B Richtig.

DEZEMBER 31

Ich gehe . . .
in die Disco
ins Kino
ins Theater

ins Konzert
ins Restaurant
zu meiner Großmutter
zur Silvesterparty

4 Wer sagt was?

> Kommst du mit zum Feuerwerk?

1. Ich darf nicht. Meine Eltern sind sehr streng.
2. Ich habe kein Geld.
3. Ich habe nichts Schönes anzuziehen.
4. Meine Großmutter kommt zu Besuch.
5. Ich gehe schon mit Michael aus.
6. Ich besuche Alexander. Er ist krank.
7. Ich habe Kopfschmerzen.
8. O ja! Ich komme gern mit!

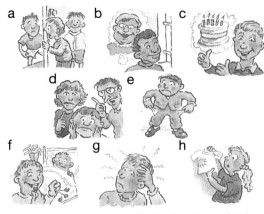

5 Michael ruft seine Freunde an, aber viele haben keine Zeit. Hör zu und schreib die Details ins Heft.

Rainer
Susanne
Jochen
Renate
Markus
Paula

Name?   Wohin?   Ausrede?

1. Rainer – Kino –
   Großmutter kommt

6 i) Trag diese Liste ins Heft ein.

Feuerwerk
Party
Kino
Schwimmbad
Konzert

ii) Wohin möchtest du gehen? Schreib eine Entschuldigung für die vier anderen Aktivitäten.

Feuerwerk – Eltern streng
Party – nichts Schönes anzuziehen
Kino – kein Geld
Disco – ja!
Konzert – Kopfschmerzen

iii) Jetzt mach eine Umfrage! Wie viele Leute kommen mit dir?

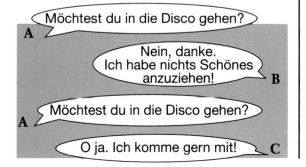

A — Möchtest du in die Disco gehen?

B — Nein, danke. Ich habe nichts Schönes anzuziehen!

A — Möchtest du in die Disco gehen?

C — O ja. Ich komme gern mit!

7 Sieh dir die Einladung und den Brief an. Schreib deinen eigenen Entschuldigungsbrief.

am _Samstag, den 12. Januar_
um _20_ Uhr
bei _Florian_
(zur Geburtstagsparty)

_____

Antwort erbeten.

Lieber Florian,
vielen Dank für die Einladung. Leider kann ich nächsten Samstag nicht zur Geburtstagsparty kommen. Ich besuche meine Großmutter in Rostock!
Selim

8 Lies den Artikel. Sind die Sätze unten richtig oder falsch?

Aus dem Schrank eines Jugendlichen . . .

Zur Schule trage ich meistens schwarze Jeans, einen gestreiften Pullover oder ein Sweatshirt und Sportschuhe. Das finde ich praktisch!

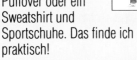

Robert Kallmeier

Ich tanze gern, und am Wochenende gehe ich oft auf eine Party. Ich trage meistens eine blaue Hose und ein gemustertes T-Shirt. Dazu trage ich normalerweise meine alte Lederjacke.

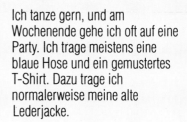

Ich treibe viel Sport, und ich bin oft im Sportverein. Unterwegs trage ich einen modischen Jogginganzug, aber danach trage ich meistens eine Radlerhose und ein T-Shirt.

Letztes Wochenende war ich auf einem Kostümfest. Es hat Spaß gemacht! Ich bin als Clown dorthin gegangen! Ich habe tolle Kleidung gefunden – eine weite, karierte Hose, ein weißes Hemd, eine gepunktete Krawatte, eine gestreifte Jacke und einen kleinen, roten Hut. Komisch, nicht wahr?

a) Robert trägt eine weite Hose zur Schule.

b) Robert hat eine Lederjacke.

c) Wenn Robert auf eine Party geht, trägt er oft einen Jogginganzug.

d) Robert hat als Clown eine gepunktete Krawatte getragen.

e) Sportschuhe findet Robert praktisch.

f) Robert trägt oft einen kleinen, roten Hut.

9 Tanja, Alexander, Hans-Peter, Sandra und Petra gehen auf eine Party. Hör zu. Was tragen sie?

EXTRA! Schreib Sätze ins Heft.

> Tanja trägt einen roten Minirock, ein weißes T-Shirt und eine schwarze Jacke.

PARTNERARBEIT

10

> **A** Was ziehst du zur Schule an?

> **B** Ich ziehe einen schwarzen Rock, ein weißes Hemd und einen schwarzen Pullover an.

Was ziehst du zur Party/zum Sportzentrum/am Wochenende an?

Ich ziehe . . . an
einen weiten/gestreiften/roten Pullover/Rock
eine gelbe/gemusterte/karierte Jacke/Hose
ein grünes/gepunktetes T-Shirt/Hemd/ Sweatshirt
große/weiße Schuhe

11 Was ziehst du zur Schule an? Und am Wochenende? Schreib deine Antwort ins Heft.

> Zur Schule ziehe ich gern einen roten Jeansminirock und ein gemustertes Hemd an. Dazu ziehe ich meistens einen Blazer und Sportschuhe an.

12 Zeichne einen Clown.

A: Beschreib den Clown.
B: Zeichne den Clown.

 Beschreib deinen Clown ins Heft.

Mein Clown trägt . . .

13 Lies den Brief und wähl die beste Antwort.

NIE DARF ICH RAUS

Ich darf von meinen Eltern aus nicht raus. Sie sagen, daß es für mich zu gefährlich sei, alleine draußen rumzulaufen. Dabei habe ich ihnen gesagt, daß ich sowieso nur mit meinen Freunden zusammen bin. Ich darf nicht in Discos und nicht zu Feten, noch nicht einmal ins Kino. Ich finde das ehrlich total gemein von ihnen. In der Schule lästern die Schulkameraden schon über meine Situation.
Sabine, 15 Jahre

a Bleib zu Hause. Das Leben ist wirklich zu gefährlich.

b Deine Freunde haben recht. Deine Eltern sind doof. Geh mit deinen Freunden aus.

c Versuch, das Problem mit deinen Eltern zu diskutieren. Sie sind streng, aber vorsichtig.

PRIMA! DU KANNST JETZT . . .

fragen: Was machst du am Silvesterabend?
sagen: Ich gehe in die Disco. Ich gehe ins Restaurant/Konzert/Kino/Theater. Ich gehe zu meiner Großmutter. Ich gehe zum Feuerwerk.

fragen: Möchtest du in die Disco gehen? Möchtest du ins Café/Kino/ Schwimmbad/Konzert gehen? Möchtest du auf die Party/zum Feuerwerk gehen?
sagen: Ich gehe schon mit Michael aus. Ich habe Kopfschmerzen. Ich besuche Alexander. Er ist krank. Meine Großmutter kommt zu Besuch. Ich darf nicht. Meine Eltern sind streng. Ich habe kein Geld. Ich habe nichts Schönes anzuziehen. Ja! Ich komme gern mit!

fragen: Was trägst du? Was ziehst du zur Party/zur Schule/zum Sportzentrum/am Wochenende an?
sagen: Ich ziehe . . . an
einen weiten/gestreiften/roten Pullover/Rock
eine gelbe/gemusterte/karierte Jacke/Hose
ein grünes/gepunktetes T-Shirt/ Hemd/ Sweatshirt
große/weiße Schuhe

PROJEKTSEITE

A Zeichne eine Einladung zu einer Party.

B Zeichne und beschrift ein Kostüm für ein Kostümfest.

C Mach eine Modeschau!

Partykleidung?

Sportkleidung?

?

Wanderkleidung?

Wochenendkleidung?

Schreib den Kommentar auf.

Hier ist Julia. Heute trägt sie eine rote Jacke, einen Jeansminirock und ein weißes T-Shirt. Sehr schön!

Wenn möglich, nimm die Modeschau auf Video auf.

D Aus dem Kleiderschrank eines Jugendlichen (sieh Übung 8).

Schreib einen Artikel darüber oder nimm deine Antwort auf Kassette auf.

Was ziehst du gern zur Schule an?

Was ziehst du gern zur Party an?

Wie findest du deine Schulkleidung?

Genders

Do you remember the three words in German for 'the'?

der Pullover   **die** Hose   **das** T-Shirt

It is important to know whether things (nouns) are *der, die* or *das*. The only safe thing to do is to learn the gender as you go along, but there are a few patterns which may help to make the learning easier!

derderderderderderderder

DER

- Most nouns referring to men:
  der Lehrer, der Bruder
- Many nouns ending in
  –ig,–ich,–er,–ing:
  der Honig, der Teppich, der Wecker, der Frühling

derderderderderderderder

diediediediediediediedie

DIE

- Most nouns referring to women:
  die Lehrerin, die Großmutter
- Most nouns ending in *–e:*
  die Schule, die Farbe
- All nouns ending in *–heit, –keit, –ung, –schaft: die Zeitung, die Freundschaft*

diediediediediediediedie

dasdasdasdasdasdasdas

DAS

- All nouns ending in *–chen, –lein, –tel:*
  das Mädchen, das Fräulein, das Viertel
- All verbs used as nouns:
  das Windsurfen
- Many foreign words used in German:
  das Hotel, das Museum

dasdasdasdasdasdasdas

Using these general patterns, can you put these words into the correct columns?

der	die	das

Computer	Bruder	Jacke	Kaninchen	Interview
Tante	T-Shirt	Schilling	Sendung	Ohrring
Süßigkeit	Schwimmen	Sommer	Café	Wohnung

Reise-: ~paß **der** passport; ~ **ruf der** SOS message for travellers; ~scheck **der** traveller's cheque; ~tasche **die** hold-all; ~verkehr **der** holiday traffic; ~wecker **der** travel alarm; ~welle **die** surge of holiday traffic; ~wetterbericht **der** holiday weather forecast; ~ziel **das** destination

Tip! Not all German words follow these patterns! When in doubt, always check the alphabetical word list or a dictionary.

Lektion
8

LERNZIELE

You will learn . . .
- how to buy items at food shops
- how to ask for particular amounts of some things.

 ## Zeit zum Einkaufen

Endlich ist mein Hausarrest zu Ende!

Deine Eltern waren wirklich sauer, nicht wahr?

Ja, ich weiß! Ein Monat ohne Ausgehen hat keinen Spaß gemacht! Im Moment versuche ich, sehr hilfsbereit zu sein.

Wann kommt deine Cousine Birgit?

Morgen! Sie ist immer hungrig. Wir müssen viel einkaufen . . .

Ich möchte ein Vollkornbrot und einen Pumpernickel. Haben Sie auch Zwiebelbrot?

Ja, sicher.

Und ich nehme auch sechs Sesambrötchen.

Bitte schön. Das macht vierzehn Mark achtzig.

Hast du Peter neulich gesehen?

Nur in der Schule . . . Ich freue mich auf die Faschingsparty! Hoffentlich kann ich viel mit ihm tanzen!

Schau mal, Anke!

Was denn?

Peters Mutter mit Herrn Jäger!

Ach, ja! Sie waren auch schon beim Feuerwerk zusammen!

Vierhundert Gramm Schinken, vier Weißwürste und hundert Gramm Fleischsalat, bitte.

1 Was kaufen Eleni und Anke? Was paßt zusammen?

a) ein Liter	1. Fleischsalat
b) vierhundert Gramm	2. Sesambrötchen
c) sechs	3. Schinken
d) eine Flasche	4. Birnensaft
e) hundert Gramm	5. Zitronensaft
f) ein	6. Ananasstücke
g) vier	7. Weißwürste
h) eine Dose	8. Vollkornbrot

2 Ordne diese Sätze.

a) Anke und Eleni sehen Herrn Jäger und Peters Mutter beim Kino.

b) Rolf geht mit Anke und Eleni zum Supermarkt.

c) Anke und Eleni kaufen allerlei Brotsorten.

d) Die Essiggurken fallen Anke aus der Hand.

e) Anke und Eleni kaufen die Zutaten für alkoholfreie Cocktails.

f) Anke und Eleni gehen zur Metzgerei.

 3 Zwei Leute kaufen in der Metzgerei ein und zwei Leute kaufen in der Bäckerei ein. Hör zu. Wer kauft was?

1b

 Und was kostet es?

 4 Sieh dir Übung 1 an. Wer kauft am meisten?

A Ich möchte vier Weißwürste.

B Ich möchte vier Weißwürste und vierhundert Gramm Schinken.

C Ich möchte vier Weißwürste, vierhundert Gramm Schinken und zwei Brötchen.

KULTURINFO

Pausenbrote

Würstchen-Doppeldecker

*2 Scheiben Roggenmischbrot,
Deutsche Markenbutter, Salatblatt,
3 Cocktail-Würstchen, Senf*

Die Brotscheiben mit Butter bestreichen. Dann mit dem Salatblatt
bedecken. Die Würstchen ganz
oder aufgeschnitten darauflegen.
Mit wenig Senf würzen.

Würstchen-Doppeldecker

5 Es gibt ungefähr 200 Brotsorten und 1200 verschiedene Sorten Kleingebäck in Deutschland! Sieh dir die Tabelle an und beantworte die folgenden Fragen.

Durchschnittlicher Nährwert in 50g

Hauptnährstoffe	Roggen-vollkornbrot	Pumpernickel	Roggenbrot Landbrot	Roggenmischbrot (Kommißbrot)	Weizen-vollkornbrot	Weißbrot Weizenbrot	Brötchen Semmeln	Toastbrot	Knäckebrot
Eiweiß (g)	3,7	3,4	3,2	3,2	3,8	4,1	3,4	4,0	5,1
Fett (g)	0,6	0,5	0,6	0,7	0,5	0,6	0,3	1,8	0,7
Kohlenhydrate (g)	22,7	24,2	25,1	25,2	25,1	25,6	28,3	26,9	38,1
Joule (kJ)	470	490	505	510	510	530	550	590	760
Kalorien (kcal)	110	115	118	120	120	125	130	140	180
Vitamine									
B_1 (µg)	90	25	80	90	125	43	35	39	100
B_2 (µg)	75	—	60	60	75	30	18	24	90
Niacin (mg)	0,3	—	0,3	0,5	1,7	0,5	0,5	0,5	0,6

Brotquiz!
a) Welches Brot ist besonders gut für Vitamin B1?
b) Welches Brot ist besonders schlecht für Vitamin B2?
c) Welches Brot hat viel Fett?
d) Welches Brot hat besonders viele Kohlenhydrate?
e) Wie viele Kalorien sind es in fünfzig Gramm Knäckebrot?

 Und dein Brot zu Hause? Schreib eine kleine Tabelle mit dem Nährwert in 50g.

 6 Florian, Josef, Sonja und Martina beschreiben ihre Pausenbrote für die Schule. Was essen sie? Schreib Details ins Heft.

Brot mit . . .
Salami   Frischkäse
Schinken   Gurken
Käse   Tomaten
Senf   Walnüssen
Mayonnaise   Schokolade
Apfel

 7 A: Wähl einen Satz unten.
B: Schlag A ein Pausenbrot vor.

a) Ich bin Vegetarier(in).
b) Ich bin allergisch gegen Käse.
c) Ich esse gern Süßigkeiten.
d) Ich mache Diät.
e) Ich esse gern Fleisch und Käse zusammen.

A: Ich bin Vegetarierin.
B: Du könntest Brot mit Käse, Apfel und Senf essen.

 8 Was ist dein Lieblingspausenbrot? Schreib deine Antwort ins Heft.

Ich esse gern Brot mit Frischkäse, Marmite, Tomaten und Salat.

9 Anja kauft Gemüse im Gemüseladen. Trag diese Liste ins Heft ein. Hör zu und ergänze die Liste.

– – – große Tomaten
400g – – –
– – – – Oliven

grünes – – –

10 Macht Dialoge.

2 große Tomaten
400g Champignons
einen grünen Salat

200 g Champignons
eine Paprika
zehn Oliven

A — Kann ich Ihnen helfen?

B — Ja, ich möchte zweihundert Gramm Champignons.

A — Bitte schön. Sonst noch etwas?

B — Ja, ich möchte eine Paprika und zehn Oliven. Das ist alles.

A — Das macht acht Mark fünfundvierzig.

eine Paprika
300g Champignons
12 Oliven
3 Tomaten

EXTRA! Schreib einen Dialog ins Heft.

11 Peter ist zu Hause und hilft seiner Mutter, eine Einkaufsliste zu schreiben. Hör zu. Schreib die Einkaufsliste auf.

12 Lies den Artikel. Sind die Sätze unten richtig oder falsch?

Großer Frühstücksskandal!

Unsere Reporterin, Sabine Meyer, berichtet:

Schüler(innen) an der Gesamtschule Horn in Hamburg haben eine große Umfrage über Frühstück gemacht. Der Skandal? Ungefähr dreißig Prozent der Schüler(innen) essen zu Hause kein Frühstück! Viele kaufen unterwegs ein Brötchen oder ein Stück Kuchen, aber andere essen nichts vor der Pause. Kann man ohne Essen gut lernen? Die Schulärztin, Frau Doktor Marie Hurth, macht sich große Sorgen über die Resultate und hat eine Broschüre mit Frühstücksideen vorbereitet. Das größte Problem ist, daß die Schüler(innen) keine Zeit haben. Für Schulärztin Marie Hurth ist die Antwort einfach: „Diese jungen Leute müssen früher aufstehen! Sie sind zu faul!"

a) Sabine Meyer ist die Schuldirektorin.
b) Die Schulärztin, Marie Hurth, hat die Umfrage gemacht.
c) Dreißig Prozent der jungen Leute verlassen das Haus ohne Frühstück.
d) Viele kaufen unterwegs etwas von der Bäckerei.
e) Die jungen Leute müssen früher aufstehen und ein gesundes Frühstück essen.

 Schreib die falschen Sätze richtig auf.

PRIMA! DU KANNST JETZT . . .

fragen: Was möchten Sie? Kann ich Ihnen helfen? Sonst noch etwas? Ist das alles?

sagen: Ich möchte ein Vollkornbrot und sechs Sesambrötchen.
Ich möchte vierhundert Gramm Schinken/Fleischsalat/vier Weißwürste. Ich möchte einen Liter Birnensaft/eine Flasche Zitronensaft/eine Dose Ananasstücke.
Ich möchte eine Paprika/zwei Tomaten/einen grünen Salat/Champignons/Zwiebeln/Oliven.

fragen: Was kostet das?
sagen: Zwölf Mark zwanzig.
sagen: Ich bin Vegetarier(in)/bin allergisch gegen Käse/esse gern Süßigkeiten/mache Diät/esse gern Fleisch und Käse zusammen.
sagen: Du könntest Brot mit Salami/Schinken/Käse/Senf/Mayonnaise/Apfel/Frischkäse/Gurken/Tomaten/Walnüssen/Schokolade essen.

PROJEKTSEITE

A Plan die Getränke und das Büffet für eine Party!

1. Was für Getränke brauchst du? Schreib eine Liste auf.

2. Was machst du für das Büffet? Finde ein Rezept und schreib die Einkaufsliste – auf deutsch, natürlich!

200 g Nudeln
100 g Champignons

B Zeichne einen Marktstand oder das Schaufenster für einen Laden.

D Zeichne ein Poster oder eine Broschüre für eine Bäckerei. Ein Slogan? zum Beispiel „Brot in aller Welt" oder „Brot bringt Vielfalt auf den Tisch".

Fotos? Bilder?

Zeichnungen?

Packungen?

Rezepte?

Wichtige Information? Kalorien usw.

C Spiel eine Szene aus einer Metzgerei oder aus einem Gemüseladen.
Nimm den Dialog auf Kassette auf.
Schreib den Dialog ins Heft.
Mit Charakter spielen!

Plurals

The plural form of *der/die/das* is always *die*!

Sometimes, you can add an *s* to the noun (just like in English) to make things plural: *das Auto* → *die Autos.*

This does not happen very often in German. Here are some useful patterns to help you work out the plural forms of nouns.

der Mann(¨er)	→	die Männer
die Frau(en)	→	die Frauen
das Mädchen(-)	→	die Mädchen

derderderderderderderder

- Many *der* words add *e* (and sometimes an umlaut) in the plural:
  der Hund → *die Hunde*
  der Freund → *die Freunde*
  der Kopf → *die Köpfe.*

diediediediediediedie

- Many *die* words add *n* or *en* in the plural:
  die Katze → *die Katzen*
  die Schwester → *die Schwestern*
  die Wohnung → *die Wohnungen.*

dasdasdasdasdasdasdas

- Many *das* words add *e* or *er* (and sometimes an umlaut) in the plural:
  das Spiel → *die Spiele*
  das Kind → *die Kinder*
  das Fach → *die Fächer.*

Follow these patterns to work out the plurals of the following words:

das Fahrrad	die Gruppe	der Arm	die Person	der Bahnhof	das Papier

Tip! Not all German words follow these patterns! When in doubt, always check the alphabetical word list or a dictionary.

Can you write captions for these pictures?

1.

die Tanten

Tante Liesl   Tante Birgit

2.

3.

4.

5.

die **Tante(n)**	aunt
tausend	thousand
das **Taxi(s)**	taxi
der **Teddybär(en)**	teddy bear
das **Telefonbuch**(¨er)	phone book
telefonisch	by phone
Tennis	tennis
der **Terminkalender(-)**	diary
der **Test(s)**	test
teuer	expensive
der **Text(e)**	text
Themse	Thames
der **Tisch(e)**	table
toll	brilliant
die **Tomate(n)**	tomato

LERNZIELE

You will learn . . .
- how to express some opinions about food
- how to say when and where you will meet someone.

 Partyfieber

1 Beantworte die folgenden Fragen.

1. Wie findet Birgit das Jugendhaus?
2. Wie findet Peter die Kiwi-Bowle?
3. Wie findet Andreas Oliven?
4. Wo treffen sich Peter und Andreas?
5. Wo treffen sich Anke, Birgit und Eleni?
6. Wie kommt Rolf zur Faschingsparty?

a ekelhaft und zu salzig

b an der Post   c ideal für eine Party

d lecker   e allein

f am Zeitungskiosk

2 Richtig oder falsch?

a) Eleni repariert die Luftballons.
b) Andreas muß Tomaten, Champignons und Oliven vorbereiten.
c) Peter hilft Anke, eine Kiwi-Bowle zu machen.

d) Um halb zwölf muß Eleni nach Hause gehen.
e) Andreas trifft sich um halb neun mit Peter am Zeitungskiosk.
f) Rolf ist Pizzaexperte.

EXTRA! Schreib die falschen Sätze richtig auf.

3 Wann und wo treffen sie sich? Hör zu.

15.00, 1b

a) am Bahnhof

b) am Stadion

c) an der Bushaltestelle

d) am Kino

e) an der U-Bahn

4 Sieh dir die Fotos bei Übung 3 an. Wähl eine Zeit – 10.30, 12.00, 16.00, 20.00, 21.00, 22.00 – und einen Treffpunkt. Schreib deine Antwort auf.

16.00/Stadion

A Wo treffen wir uns?
An der U-Bahn. B
A Nein, das geht nicht.

A Wo treffen wir uns?
Am Stadion. C
A Wann treffen wir uns?
Um sechs Uhr. C
A Nein, das geht nicht.

Wen triffst du dort?

5 Diese Leute treffen sich alle in Kitzbühl in Österreich.
   Lies diese kurzen Briefe. Was paßt zusammen?

Fritz und Marion: d3

Lieber Fritz!
Wir treffen uns um
acht Uhr am Kino
Deine Marion

Hallo, Markus!
Hier ist Julia! Möchtest
Du heute abend in die
Disco kommen. Ja?
Triff mich um halb acht
an der U-Bahn.
Bis bald.

Wo bist Du Klaus?
Wir müssen um zehn
Uhr an der Schule
sein. Paß auf! Du darfst
nicht zu spät
kommen!
Deine
Karin

Hast Du Zeit zum Tennis-
spielen, Beate? Wir treffen
uns heute nachmittag um
zwei Uhr an der Bäckerei.
Deine Tanja

Liebe Claudia, möchtest
du ein Eis essen? Wir
treffen uns am Eiscafé
um halb vier. Kommst
du mit? Dein Wolfgang.

a
b
c
d
e

3

2

1

4

5

6 Schreib einen kurzen Brief ins Heft.

Lieber Fritz,
Treffpunkt heute nachmittag:
Um halb vier an der Post.
Bis bald!
Marion

Leckere Mixgetränke ohne Prozente

Sehr zum Wohl ohne Alkohol

Tahiti-Punsch

(4 Gläser)

1 Tasse Orangensaft
1 Tasse Ananassaft
1 Tasse Birnensaft
½ Tasse Ananasstücke
2 EL Zitronensaft
zerkleinertes Eis

Ananassaft und Ananasstücke im Mixer schaumig schlagen. Die anderen Säfte dazugeben, umrühren (nicht mehr mixen!) und über das zerstoßene Eis in vier hohe Gläser geben. Je nach Geschmack kann noch eine mit Zimt oder Schoko-streusel bestreute Sahnehaube die Krönung darstellen.

 7 Peter und Birgit machen noch einen Cocktail. Der Cocktail heißt Eis-Tropic. Hör zu. Schreib die Zutaten auf.

EXTRA! Hör nochmal zu. Ordne die folgenden Sätze.
a) Früchte schneiden.
b) Vanilleeis zugeben.
c) Cocktail garnieren.
d) Fruchtsäfte mischen.

 8 Schreib die zwei Listen ins Heft. Schlag die neuen Vokabeln im Wörterbuch nach.

Hör zu. Was paßt zusammen?

5c

1. Curry	a) zu süß
2. Paprika	b) zu scharf
3. Chips	c) ohne Geschmack
4. Schokoladeneis	d) zu würzig
5. Avocado	e) zu salzig
6. Zitroneneis	f) zu sauer

 9 Wie findet deine Klasse die Zutaten zu Übung 8?

Mach eine Umfrage und schreib die Resultate auf.

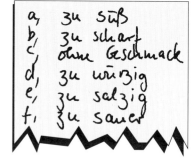

A Wie findest du Curry?
Lecker. B
A Was ißt du nicht gern?
Zitroneneis. B

EXTRA!
A Warum nicht?
Zitroneneis ist zu sauer. B

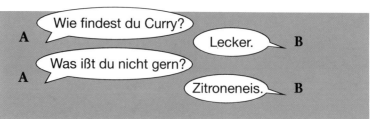
12 Leute finden Curry lecker.

10 Sieh dir das Rezept an. Beantworte die folgenden Fragen.

Vollkornpizza (für 6 Personen)

150 g Magerquark
75 ml Milch
4 EL (40 g) Öl
1 TL Salz
300 g frisch gemahlenes
Weizenvollkornmehl
5 gestrichene TL Backpulver
2 EL (20 g) Öl
3 EL Tomatenmark
2 große Fleischtomaten
200 g Champignons
1 große Paprika
15 schwarze Oliven
150 g Gouda
Salz
Pfeffer
Oregano
frischer Rosmarin

Quark und Milch verrühren, Öl und Salz dazugeben. Mehl und Backpulver mischen und nach und nach unter die Quarkmasse kneten. Teig ausrollen und auf ein gefettetes Backblech geben. Öl und Tomatenmark mischen, damit den Teig bestreichen. Tomaten in Ringe schneiden, Champignons putzen, waschen, in Blättchen schneiden, Paprika putzen, waschen und in Streifen schneiden. Die Pizza damit belegen. Oliven über die Pizza verteilen, Käse reiben und darüberstreuen. Mit Salz, Pfeffer und Oregano würzen. Rosmarin darüberstreuen. Die Pizza bei 200 Grad 35 Minuten backen.
Dazu serviert man einen bunten Salatteller.
Das Gericht enthält pro Person 463 kcal, 1935 kJ, 18 g Eiweiß, 19 g Fett, 45 g Kohlenhydrate.

Pizza mit Gemüse

a) Wie viele Kalorien sind es pro Person?
b) Wie lange muß man die Pizza backen?
c) Was schneidet man in Streifen?
d) Womit würzt man die Pizza?
e) Was ißt man mit der Pizza?

11 Schreib die Zutaten für deine Lieblingspizza auf.

 Kannst du auch das Rezept schreiben?

PRIMA! DU KANNST JETZT . . .

fragen: Wann treffen wir uns?
Wo treffen wir uns?

sagen: Um halb vier an der Bushaltestelle/U-Bahn.
Um zwei Uhr am Stadion/Kino/Bahnhof.
Nein, das geht nicht.

fragen: Wie findest du Curry/Paprika/Chips/Schokoladeneis/Avocado/Zitroneneis?

sagen: Lecker. Curry ist zu sauer/scharf/würzig. Chips sind zu salzig. Avocado finde ich ohne Geschmack. Schokoladeneis ist zu süß.

fragen: Was ißt du nicht gern?

PROJEKTSEITE

A Mach einen Südsee-Traum!

Südsee-Traum

(6 Gläser)

¾ l Ananassaft
½ l Milch
⅛ l Schlagsahne
6 Kugeln Schokoladeneis
2 Scheiben Ananas
8 TL Kokosraspeln
2 EL Instant Kakao

Kokosraspeln, Milch, Ananas-
saft und Kakao vermischen.
In 6 breite Gläser je eine Kugel
Eis geben, mit der Milch-Saft-
Mischung auffüllen, mit einer
Sahnehaube krönen. Ein
Stück Ananas ans Glas
stecken.

B Erfinde deinen eigenen Cocktail.
Wie heißt der Cocktail?
Was sind die Zutaten?

Zeichne den Cocktail und/oder schreib
das Rezept auf.

C Pizza-Spaß!
Erfinde deine eigene Pizza. Gebrauch
deine Phantasie!

Glückspizza

1 Kilo Liebe

500 g Freunde

500 g Gute Laune

D Zeig wie man einen Cocktail oder eine
Pizza macht. Wenn möglich, nimm die
Vorführung auf Video auf.

E Macht Dialoge.
Nehmt den Dialog auf Kassette auf.

Was machen wir am
Samstag?

Wo treffen wir uns?

Wann treffen wir uns?

Infoseite

Computer terminology

German speakers often use American or English computer terminology. Why do you think this might be?

Can you match up this German and English computer vocabulary?

1.	die elektronische Post	a)	computer-assisted learning
2.	der Bug	b)	database
3.	die Datenbank	c)	menu
4.	die Diskette	d)	electronic mail
5.	die elektronische Stimme	e)	to boot
6.	Computer-unterstütztes Lernen	f)	floppy disk
7.	das Programm	g)	to format
8.	formatieren	h)	word processing
9.	booten	i)	bug
10.	die Spielsoftware	j)	program
11.	das Menü	k)	voice synthesiser
12.	die Textverarbeitung	l)	games software

Der Computer

You might need to use a dictionary to be able to label all the parts of this computer!

die Maus
der Bildschirm
der Drucker
das Diskettenlaufwerk
die Tastatur

Die Fledermaus

Johann Strauß hat die Oper *Die Fledermaus* geschrieben.
In 1874 war die Premiere der Oper im Theater an der Wien
in Österreich.

Die komplizierte Geschichte beginnt vor dem Operbeginn!
Falke und sein Freund Eisenstein waren auf einem
Maskenball. Falke hat zu viel getrunken und Eisenstein
hat seinen Freund (im Fledermauskostüm!) auf der Straße
gelassen. Am nächsten Tag war Falke böse!

Die Hauptpersonen

Falke ist die Fledermaus. Er ist böse mit Eisenstein und möchte Rache!
Eisenstein ist Rosalindes Mann und Falkes Freund.
Rosalinde ist Eisensteins Frau. Sie liebt auch Alfred. Alfred liebt Rosalinde.
Frank ist Gefängnisdirektor.
Prinz Orlofsky kommt aus Rußland und hat eine Party.

die Fledermaus	*bat*
die Rache	*revenge*
liebt	*loves*
das Gefängnis	*prison*

Erster Akt: Eisensteins Haus

Eisenstein muß acht Tage im
Gefängnis verbringen. Rosalinde ist
traurig. Falke besucht Eisenstein
und sagt: „Hier ist eine Einladung
zu einer Party beim Prinzen
Orlofsky. Komm mit mir auf die
Party. Du kannst später zum
Gefängnis gehen!"

Eisenstein findet Partys (und
Frauen!) toll und sagt: „Ich komme
gern mit!"

Später besucht Alfred Rosalinde.
Alfred liebt Rosalinde und ist
glücklich mit Rosalinde allein zu
sein. Sie trinken zusammen ein
Glas Wein. Leider kommt der
Gefängnisdirektor Frank, um
Rosalindes Mann zu holen. Er
glaubt, daß der Mann bei Rosalinde
Eisenstein ist, und nimmt Alfred
mit zum Gefängnis!

verbringen	*to spend*
traurig	*sad*
um . . . zu	*in order to*
holen	*to fetch*
glaubt	*believes*
nimmt	*takes*

Zweiter Akt: Party beim Prinzen Orlofsky

Es gibt eine tolle Party mit Tanzen und Champagner. Eisenstein sollte im Gefängnis sein, aber er spielt die Rolle von Marquis Renard. Der Gefängnisdirektor ist auf der Party und spricht viel mit Marquis Renard (Eisenstein!).

Falke erzählt Rosalinde die Geschichte und sie kommt zur Party als eine Prinzessin aus Ungarn. Sie trägt eine Maske. Eisenstein findet die mystische Prinzessin toll. Marquis Renard (Eisenstein) und die ungarische Prinzessin (Rosalinde) spielen mit einer kleinen Uhr. Rosalinde nimmt die Uhr!

Die Party war wunderbar, aber um sechs Uhr geht Eisenstein schnell zum Gefängnis.

sollte	*ought to*
erzählt	*tells*
die Uhr	*watch*

Dritter Akt: Im Gefängnis

Eisenstein kommt am Gefängnis an. Der Gefängnisdirektor Frank versteht nicht, weil er glaubt, daß Alfred Eisenstein ist! Eisenstein ist böse, weil Rosalinde allein mit Alfred war. Rosalinde zeigt Eisenstein die Uhr von der Party. „Du warst die ungarische Prinzessin!" sagt Eisenstein, „Ach, wie peinlich!" Falke ist glücklich über seinem Triumph. „Das war die Rache einer Fledermaus!" sagt er.

weil	*because*
zeigt	*shows*
wie peinlich!	*how embarrassing*

Lektion

10

Wiederholung

 ## Die Faschingsparty

1 Was paßt zusammen?

1. Rainer ist
2. Anke ist
3. Rolf trägt
4. Birgit tanzt
5. Peter findet
6. Rolf ist

a) ein guter Koch.
b) mit Peter.
c) eine Gorillamaske.
d) Vegetarier.
e) die Party spitze.
f) eifersüchtig.

2 Spiel eine Partyszene. Nimm die Szene auf Kassette oder Videoband auf.

Was für eine Rolle spielst du? Bist du . . . ?

schlecht gelaunt

romantisch

gut gelaunt

spät

Vegetarier(in)

schüchtern

eifersüchtig

Es tut mir leid, daß ich so spät komme . . .

Ich habe Kopfschmerzen!

Wie findest du die Champignonpizza?

Warum tanzt du die ganze Zeit mit Wolfgang?

Der Südsee-Traum Cocktail schmeckt wunderbar!

Ich liebe dich!

Möchtest du tanzen?

Schreib den Text für die Partyszene ins Heft auf.

KULTURINFO

Fasching kommt sieben Wochen vor Ostern. Frühlingsbeginn wird gefeiert!
Es gibt Karneval mit Kostümen, einen Maskenball, ein Straßenfest, einen Umzug, Faschingslieder usw. Die tollen Tage sind Rosenmontag und Fastnachtdienstag.
In Dänemark heißt der Karneval *fastelavn*. In Frankreich heißt der Karneval *Mardi Gras*. Gibt es auch Karneval in deinem Land?

Quiz!
Wie gesund bist du?

1. Was ißt du am liebsten?
   a) Salat
   b) Hamburger mit Pommes Frites
   c) Spaghetti Bolognese

2. Was trinkst du am liebsten?
   a) Milch
   b) Tee
   c) Cola

3. Was ißt du zum Frühstück?
   a) Fruchtsaft und Müsli
   b) Cornflakes mit Milch und Zucker
   c) Toast mit viel Marmelade

4. Was machst du am liebsten nach der Schule?
   a) Computerspiele
   b) Tischtennis
   c) Schwimmen

5. Was machst du am liebsten am Wochenende?
   a) ins Café gehen
   b) fernsehen
   c) radfahren

6. Wo machst du am liebsten Urlaub?
   a) in den Bergen
   b) am Strand
   c) in einer Großstadt

7. Wie oft treibst du Sport?
   a) nie
   b) manchmal
   c) oft

8. Wie findest du Zigaretten?
   a) okay
   b) gut
   c) ekelhaft

9. Wie oft ißt du Süßigkeiten?
   a) jeden Tag
   b) manchmal
   c) nicht oft

10. Wann stehst du normalerweise am Sonntag auf?
    a) vor neun Uhr
    b) zwischen neun und zehn Uhr
    c) nach zehn Uhr

1. a=3 b=1 c=2   2. a=3 b=2 c=1   3. a=3 b=3 c=3   4. a=1 b=2 c=1   5. a=3 b=2 c=3
6. a=3 b=3 c=2   7. a=1 b=2 c=3   8. a=2 b=1 c=3   9. a=1 b=2 c=3   10. a=3 b=2 c=1

Wie viele Punkte hast du?

0 – 15	Du bist ungesund und unfit!
16 – 23	Du bist ziemlich gesund und sportlich!
24 – 30	Du bist sehr gesund und sportlich. Bravo!

LERNZIELE

You will learn . . .

- how to ask for and give details about camping equipment
- how to say what you are taking on a camping trip
- how to describe problems with your camping equipment.

 # Campingpläne

Ich weiß nicht, aber ich glaube, Michaels Eltern haben Angst, weil er so oft krank ist.

Heute abend besuchen wir Michaels Eltern!

Treffen wir uns um halb acht bei Michael?

Gute Idee!

Wollen wir in die Stadt gehen? Ich muß eine neue Taschenlampe kaufen. Meine alte Taschenlampe ist kaputt!

Im Sport- und Campingladen

Dieser Schlafsack sieht fabelhaft aus.

Ja! Mein Schlafsack ist alt und nicht besonders warm.

Diese Messer sind gut – echt scharf! Hast du ein Taschenmesser?

Nein, und ich habe auch keine Trinkflasche.

Warum kaufst du sie heute nicht?

Kein Geld! Ich muß mein Taschengeld sparen.

Die Taschenlampe ... und zwei Batterien. Das macht fünfzehn Mark fünfundneunzig.

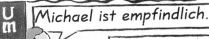

Um halb acht

Michael ist empfindlich...

... und nicht stark genug zum Klettern, Wandern und Schwimmen.

Aber die frische Luft beim Camping ist gesund.

Und wenn Michael klettert, wandert und schwimmt, wird er stärker!

Und Michael ist unser Freund. Er muß mitfahren! Camping macht Spaß!

Ich weiß nicht ...

Vielleicht denken wir noch einmal darüber nach.

1 Hör zu. Positiv oder negativ? Mach zwei Listen.

1. Die Fotos von der Faschingsparty sind fantastisch.
2. Jetzt ist das Leben furchtbar langweilig.
3. Ich freue mich sehr auf die Reise.
4. Es gibt nichts Interessantes zu tun.
5. So ein Mist!
6. Camping macht Spaß.

2 Kannst du die richtigen Antworten finden?

1. Wohin fahren die jungen Leute?
2. Was muß Eleni reparieren?
3. Wer kauft eine neue Taschenlampe?
4. Warum ist Sybille unglücklich?
5. Wozu besuchen Peter, Anke und Sybille Michaels Eltern?

a) Weil Michael nicht mitfahren darf.
b) Nach Österreich.
c) Anke.
d) Um die Reise nochmal zu diskutieren.
e) Das Loch in ihrem Schlafsack.

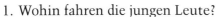

4. 3-teiliges Camping-Besteck
Geschmacksneutraler, rostfreier Stahl. Bestehend aus einem Messer mit Wellenschliff/Dosenöffner, einer Gabel und einem Löffel.
Best.-Nr. 0778.18.176
DM 6,⁹⁵

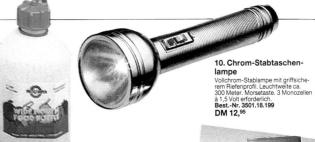

10. Chrom-Stabtaschenlampe
Vollchrom-Stablampe mit griffsicherem Riefenprofil. Leuchtweite ca. 300 Meter. Morsetaste. 3 Monozellen à 1,5 Volt erforderlich.
Best.-Nr. 3501.18.199
DM 12,⁹⁵

20. Trinkflasche, klein
Inhalt: ca. 0,75 l. Best.-Nr. 9176.18.179 DM 3,⁹⁵

22. Gummistiefel
Hundertprozent wasserdicht! Aus echtem Natur-Kautschuk, innen aus 100% Baumwolle. Schafthöhe: ca. 35 cm. Mit Schaftschnalle und Gummi-Profilsohle.
Best.-Nr. 2061.18.225
Größen: 39-46 DM 59,⁹⁵

22
DM 59,⁹⁵

4 DM 29,⁹⁵

4.-7. Schweizer Offiziers-Messer
Echte Qualitätsarbeit, auf die man sich verlassen kann – darum besonders bekannt und beliebt. Diese Schweizer Offiziers-Messer in 4 verschiedenen Ausführungen sind so robust, daß nach Maßgaben der Firma Wenger **5 Jahre Garantie** gegeben werden. Jedes einzelne Messer verfügt über eine Vielzahl an ausklappbaren Teilen aus rostfreiem Edelstahl, die zum Teil mehrere Funktionen haben (sh. Bildhinweise). Alle sind zusammengeklappt ca. 8,2 cm lang und mit Anhängering versehen.

● Große Klinge
● Büchsenöffner
● Schraubendreher
● Nagelfeile ● Ahle
● Korkenzieher
● Holzsäge
● Zahnstocher
● Pinzette

4. Schlafsack-Matte
Leicht und klein zusammenrollbar. Guter Schutz gegen Bodenkälte und -nässe, da zweilagig und geschlossenzellig. Maße: ca. 180×50 cm, ca. 1,3 cm stark.
Best.-Nr. 6315.18.196 DM 24,⁹⁵

5. Mumienschlafsack „Redwood"
Bessere Wärmewirkung durch die körpergerechte Mumienform. Dies wird noch unterstützt durch den Wärmekragen und die Kapuze, die durch Zusammenziehen des Kopfteils gebildet wird. 2-Wege-Reißverschluß mit Unterlappung für optimale Wärmeisolation. 4-lagig gearbeitet. Komfortbereich: +21 Grad bis 0 Grad. Extrembereich: 0 Grad bis –10 Grad. Material außen: 100% Polyamid, wasserabweisend beschichtet, innen 100% Baumwolle, Füllung: 100% Polyester, 300 g/qm. Gewicht: ca. 1.900 g. Maße: ca. 230×90/55 cm.
Best.-Nr. 8684.18.192 DM 89,⁹⁵

2
DM 12,⁹⁵

3 Sieh dir die Bilder oben an.

a) Hat die Taschenlampe einen Magnet?
b) Ist die Trinkflasche groß oder klein?
c) Welchen Namen hat der Schlafsack?
d) Wie lang ist die Schlafmatte?
e) Welche Farbe haben die Gummistiefel?
f) Was kostet das Besteck?
g) Woher kommt das Taschenmesser?

4 Sieh dir die Bilder oben an.
Hör zu. Worüber sprechen sie?

1. das Besteck

5 Seht euch die Bilder in Übung 3 an.

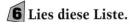

Wie lang ist der Schlafsack?
Was kostet das Taschenmesser?
Welche Farbe hat die Schlafmatte?

A Was kostet die Taschenlampe?

B Die Taschenlampe kostet neun Mark fünfundneunzig.

EXTRA! Gedächtnisquiz. Macht das Buch zu. Könnt ihr jetzt die Partnerarbeit machen?

6 Lies diese Liste.

> **Persönliche Ausrüstungsliste**
>
> Du mußt folgendes mitbringen:
>
> einen Rucksack
> einen Schlafsack (eine Luftmatratze? eine Schlafmatte?)
> eine Taschenlampe und Batterien
> Kleidung (Gummistiefel und eine Regenjacke nicht
>   vergessen!)
> Wanderschuhe
> Besteck (ein Messer, eine Gabel, einen Löffel)
> einen Teller und eine Tasse
> eine Trinkflasche
> einen Badeanzug/eine Badehose
> ein Handtuch
> Extra (wenn du willst): einen Fotoapparat, ein Buch,
>   Schreibwaren
> Keinen Walkman! Kein Radio!

Richtig oder falsch?

a) Du mußt einen Schlafsack mitnehmen.
b) Du darfst ein Radio mitnehmen.
c) Du mußt eine Regenjacke mitnehmen.
d) Du darfst einen Fotoapparat mitnehmen.
e) Du mußt ein Fahrrad mitnehmen.

EXTRA! Was nimmst du auch mit?
Mach eine Liste.

Horrorgeschichte

7 Florian ist zu Hause. Er packt. Hör zu und schreib seine Ausrüstungsliste ins Heft auf.

EXTRA! Lies die Ausrüstungsliste in Übung 6.
Was hat Florian vergessen?

8 Wie viele Sachen nehmt ihr mit?

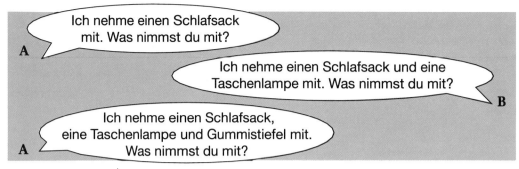

A: Ich nehme einen Schlafsack mit. Was nimmst du mit?

B: Ich nehme einen Schlafsack und eine Taschenlampe mit. Was nimmst du mit?

A: Ich nehme einen Schlafsack, eine Taschenlampe und Gummistiefel mit. Was nimmst du mit?

Wer nimmt die meisten Sachen mit?

9 Was sagen sie? Schreib einen Satz für jedes Bild.

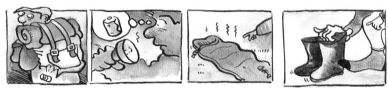

Meine Taschenlampe		ein Loch.
Mein Schlafsack	hat	keine Batterien.
Mein Rucksack		schmutzig.
Meine Trinkflasche	ist	zu klein.
Meine Regenjacke		kaputt.
Meine Gummistiefel	sind	altmodisch.

 Schreib andere Sätze und zeichne ein Bild dazu.

10 Hör zu. Nadja hat viele Probleme! Schreib die Details ins Heft.

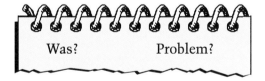

Was?   Problem?

 Schreib einen kurzen Brief von Nadja.

Nächste Woche mache ich eine Campingreise mit dem Jugendklub, aber . . .

11 Was nimmst du mit? Mach eine Liste mit sechs Sachen. Du hast Probleme mit vier Sachen! Schreib die Probleme auf.

Batterien – keine
Schlafsack – Loch
Taschenlampe – kann sie nicht finden
Regenjacke – zu klein
Rucksack
Schlafmatte

A: Nimmst du eine Taschenlampe mit?

B: Nein, ich kann meine Taschenlampe nicht finden.

A: Nimmst du eine Schlafmatte mit?

B: Ja.

12 Sieh dir die Anzeigen an und beantworte die Fragen.

RUPERTI-CAMPING – idyllisch gelegener Campingplatz mit neuen Sanitäranlagen, Aufenthaltsraum, Fernsehraum, Wasch- und Spielraum.
Ainring liegt vor den Toren weltberühmter Fremdenverkehrsorte wie Salzburg, Berchtesgaden, Bad Reichenhall usw. – in herrlicher, ruhiger Lage am Waldrand des Ulrichshögls.
Besonders geeignet für Dauercamper – Jahresstellplatzmiete DM 900,– inkl. Warmwasser und Benützung der Aufenthaltsräume.
Thomas Berger, Rupertiweg 17, 8229 Ainring 1, Telefon 08654/8124

Ihr Urlaubscampingplatz im Frankenwald:

STADTSTEINACH

● **Goldprämiert** ● **Blitzsauber** ● **Preiswert**

Wandern, Schwimmen, Tennis. Fränkische Gastlichkeit.
Der Treff zum Urlauben oder auch für eine Kurzreise.
Der ideale Standort für Ausflüge n. Thüringen u. Sachsen.
Infos: Campingplatz D-8652 Stadtsteinach, Tel. 09225/6600 u. 775

 # Camping „Juliusplate"
2876 Berne · Tel. (04406) 1666 und 6881

● direkt an der Weser ● Überseeschiffsverkehr „hautnah" ● Sandstrand ● Spielplatz
● angeln, wandern etc. ● Bootslip (über 6 PS Küstenschein!) ● Lebensmittelladen
● familienfreundlicher Ferienplatz ● Caravanvermietungen ● **Rufen Sie uns an!**

---

a) Welche Sportarten kann man in Stadtsteinach treiben?
b) Was kostet es pro Jahr für Dauercamper auf dem Ruperti-Camping-Platz?
c) Welcher Campingplatz ist besonders gut für Kinder?

d) Wo kann man Lebensmittel auf dem Campingplatz kaufen?
e) Wo kann man einen Wohnwagen mieten?
f) Auf welchem Campingplatz kann man fernsehen?

PRIMA! DU KANNST JETZT ...

fragen:	Was kostet . . . ?
	Welche Farbe hat/haben . . . ?
	Wie lang ist . . . ?
sagen:	. . . kostet . . . Mark.
	. . . ist 230 cm lang.
fragen:	Was nimmst du mit?
sagen:	Ich nehme einen Rucksack/einen Schlafsack/einen Badeanzug/einen Teller/eine Tasse/eine Luftmatratze/eine Taschenlampe/ eine Regenjacke/eine Trinkflasche/eine Schlafmatte/ eine Badehose/ein Taschenmesser/

ein Handtuch/Batterien/ Wanderschuhe/Gummistiefel/ Besteck (ein Messer, eine Gabel, einen Löffel) Kleidung mit.

fragen: Nimmst du . . . mit?
sagen: Nein. Meine Taschenlampe hat keine Batterien/ist kaputt. Mein Schlafsack ist zu klein/ schmutzig/altmodisch. Mein Rucksack hat ein Loch. Ich kann meinen Schlafsack nicht finden.

PROJEKTSEITE

A Was ist das?

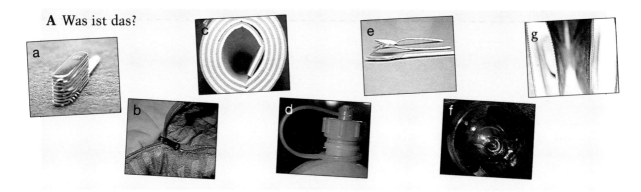

B Spiel – Alles klar zum Essen und Trinken beim Camping!

A Sechs: Ach nein, das geht nicht. Ich habe schon eine Tasse.

Vier: Ich brauche einen Löffel. **B**

C Spielt eine Szene im Campingladen.

Nein, danke. Das ist zu teuer.

Wie findest du diesen Schlafsack?

Haben Sie Batterien?

Ich muß eine neue Trinkflasche kaufen.

Warum?

Meine Trinkflasche hat ein Loch!

D Zeichne/Schreib eine Kleinanzeige für einen Campingplatz für die *Camping* Zeitschrift.

Tip! Sieh Übung 12.

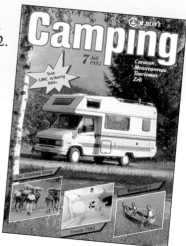

Infoseite

Compound nouns

In this unit, there were many compound nouns (*zusammengesetzte Wörter*) – words made up by using two or more smaller words.

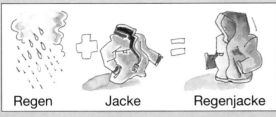

Regen   Jacke   Regenjacke

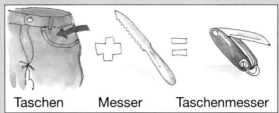

Taschen   Messer   Taschenmesser

To discover whether the compound noun is *der*, *die* or *das*, look at the last word:

der Regen + **die** Jacke = **die** Regenjacke

Is *Taschenmesser* a *der*, *die* or *das* word?

How many compound nouns can you make?

A   Gummi-

-stiefel   B

B   Taschen-

-geld   A

Zur Hilfe

 Write a list in your exercise book.

Look at what the referee for the final game of the football world championship is called!

> Fußballweltmeisterschaftendspielschiedsrichter

1. How many smaller German words can you find in this word?

   Fußball, Fuß, Ball . . .

2. How many other words can you make from the letters?

   mein, dein, falsch . . .

Es geht los!

1 Wähl die richtige Antwort.

1. Was hat Peter schon eingepackt?
   a) seinen warmen Pullover
   b) seinen Jogginganzug
   c) seine Badehose

2. Peter hat seinen warmen Pullover . . .
   a) verloren
   b) vergessen
   c) eingepackt

3. Wann fährt der Zug?
   a) um halb neun
   b) um neun Uhr
   c) um halb zehn

4. Wie fährt Peter zum Bahnhof?
   a) mit dem Bus und mit dem Taxi
   b) mit dem Auto und mit dem Taxi
   c) mit dem Auto

5. Warum kommt Eleni so spät zum Bahnhof?
   a) Sie hat den Wecker nicht gehört.
   b) Sie hatte Probleme mit dem Auto.
   c) Sie hat den Bus verpaßt.

6. Wie viele Minuten hat Peter noch am Ende?
   a) zwanzig Minuten
   b) zehn Minuten
   c) neun Minuten

2 Richtig oder falsch?

a) Um neun Uhr sind Peter und seine Mutter im Auto.
b) Herr Jäger kauft eine Gruppenkarte.
c) Die Gruppe muß in Innsbruck umsteigen.

d) Rolf mußte mit dem Bus zum Bahnhof fahren.
e) Normalerweise kommt Peter zu spät.
f) Peter und seine Mutter können das Auto nicht reparieren.

 Schreib die falschen Sätze richtig auf.

3 Wie fahren sie zur Schule? Lies den Artikel aus einem Schulmagazin und schreib die Prozente auf.

a) 35%

Große Transportumfrage!

Letzte Woche haben wir eine Umfrage über Transport zur Schule gemacht. Zwanzig Prozent fahren mit dem Rad zur Schule – sehr praktisch und gesund, aber nicht schön, wenn es regnet! Achtzehn Prozent gehen zu Fuß – Angelika in der Klasse 9C geht jeden Tag fünf Kilometer zu Fuß! Fünfunddreißig Prozent fahren mit dem Bus und sechs Prozent kommen mit der U-Bahn. Vierzehn Prozent kommen mit dem Auto zur Schule, sechs Prozent mit dem Zug und ein Prozent fährt mit dem Taxi. Niemand fliegt mit dem Flugzeug!

a) mit dem Bus

b) mit dem Rad

c) mit der U-Bahn

d) zu Fuß

e) mit dem Auto

f) mit dem Taxi

g) mit dem Zug

h) mit dem Flugzeug

4 Sieh dir die Bilder zu Übung 3 an. Hör zu.
Wie kommen Steffi, Manuela, Bettina, Ahmed
und Christian zur Schule?

5

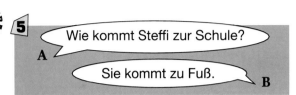

A Wie kommt Steffi zur Schule?

B Sie kommt zu Fuß.

Schreib Sätze ins Heft auf.

Steffi kommt zu Fuß zur Schule.

6 Was nimmst du mit? Ergänze die folgenden Sätze.

a) Am Wochenende fahre ich mit dem Zug nach Paris.
Ich nehme **?** mit.

b) Nächste Woche fahre ich mit dem Auto zum Campingplatz.
Ich nehme **?** mit.

c) Am Montag fahre ich mit dem Bus zum Schwimmbad.
Ich nehme **?** mit.

d) Am Mittwoch fahre ich mit der U-Bahn zum Tennisplatz.
Ich nehme **?** mit.

e) Am Samstagabend fahre ich mit dem Rad zur Rollschuhdisco.
Ich nehme **?** mit.

> meine Rollschuhe
> mein Zelt
> meinen Gummiring
> mein Deutsch-
> Französisch
> Wörterbuch
> meinen Tennis-
> schläger

Kannst du andere Sätze schreiben?

7

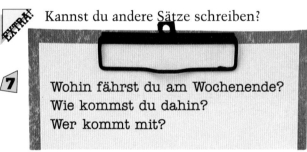

Wohin fährst du am Wochenende?
Wie kommst du dahin?
Wer kommt mit?

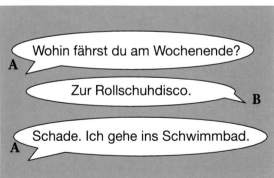

A Wohin fährst du am Wochenende?

B Zur Rollschuhdisco.

A Schade. Ich gehe ins Schwimmbad.

A Wohin fährst du am Wochenende?

C Ins Schwimmbad.

A Toll! Ich auch! Wie kommst du dahin?

C Mit dem Bus.

A Schade! Ich fahre mit dem Rad.

Was nimmst du mit?

Ich nehme meine Badehose und ein Handtuch mit.

7) von Dortmund über Kufstein und Mittenwald nach Innsbruck (München–Innsbruck siehe auch Tabelle 6)

	A 7	B 7	C 7	D 7 EC ◆	E 7	F 7 EC ◆	G 7	H 7 EC ◆	K 7 IC	L 7	M 7 EC ◆	N 7 ◆	P 7 ◆	R 7 EC ◆	S 7 ◆🚲	T 7 ◆🚲
Dortmund Hbf	Ⓗ 19 55	20 38	20 38	10 21 42				6 11	7 11	7 11	8 40	8 40	10 38	12 11	13 38	Ⓖ 16 11
Essen Hbf	20 21	21 01	21 01	22 09				6 35	7 35	7 35	9 01	9 01	11 01	12 35	14 01	16 35
Düsseldorf Hbf	20 56	21 46	21 27	22 59				7 03	8 03	8 03	9 27	9 27	11 27	13 03	14 27	17 03
Köln Hbf	21 25	22 35	22 25	23 36				7 30	8 30	8 30	10 00	10 00	12 00	13 30	15 00	17 30
Bonn Hbf	21 47	21 22 57	21 22 47		23 58			7 50	8 50	8 50	10 20	10 20	12 20	13 50	15 20	17 50
Frankf (M) Hbf	23 59						③ 7 46		10 10	10 10	11 46	11 46	13 46		16 46	19 21
Stuttgart Hbf				4 10		③ 7 12	9 12	10 59	11 59	11 59	13 12	13 12	15 12	16 59	18 12	20 59
München Hbf	30 4 04	30 5 18	30 5 24	31 6 31	10 7 15	③ 9 20	③ 11 20	13 12	14 12	14 12	15 20	15 20	17 20	19 12	20 20	Ⓖ 23 14
München Hbf	30 4 05	30 5 20	30 5 26	7 00	7 40	9 30	11 30	13 30	14 21	14 30	15 30	Ⓔ 32 15 38	17 30	19 34	20 30	23 30
Mittenwald ⊞								15 39	16 31		17 46		19 49			
Seefeld i T								16 04	16 59				20 16			
Kufstein ⊞	5 25	6 40	6 48	7 56	8 39	10 31	12 31	14 31		15 31	16 31		17 06	18 31	20 34	21 31 · 0 31
Wörgl	5 50	7 03	7 04	8 23	8 51	10 43	12 43	14 43		15 43	16 43		17 25	18 43	20 46	21 43 · 0 49
Kitzbühel	6 26	7 50	7 50	✗ 8 50	9 29	11 31	13 31	15 31			16 17		18 09	19 31	21 31	1 52
St Johann i T	6 34	7 58	7 58	9 01	9 37	11 39	13 39	15 39			17 40		18 17	19 39	21 39	
Zell am See	7 14	8 40	8 40	✗ 9 54	10 18	12 18	14 18	16 18			17 00 18 18		19 05	20 18	22 18	2 37
Jenbach	6 06	7 21		8 37	9 08		12 59	14 59		15 59			18 59	21 29		
Innsbruck Hbf	Ⓗ 6 28	7 43		8 36	9 30	11 18	13 20	15 20	17 40	16 20	17 18		19 20	21 21	22 18	1 26

8 Sieh dir den Fahrplan oben an. Richtig oder falsch?

a) Der erste Zug von München fährt um fünf Minuten vor vier.

b) Der Zug um sieben Uhr fährt vom Hauptbahnhof München.

c) Wenn man von München um halb zehn fährt, kommt man um achtzehn Minuten nach elf in Zell am See an.

d) Der letzte Zug von München nach Innsbruck fährt um halb elf.

e) Der letzte Zug von München nach Innsbruck kommt um ein Uhr sechsundzwanzig in Innsbruck an.

f) Der erste Zug von München fährt vom Ostbahnhof ab.

Schreib die falschen Sätze richtig auf.

9 Christa möchte von München nach Zell am See fahren. Hör zu und schreib die Details auf.

Abfahrt München?
Ankunft Zell am See?
Umsteigen?

10 Ihr seid am Hauptbahnhof. Macht Dialoge.

A — Guten Tag.

A — Wann fährt der erste Zug von München nach Zell am See ?

A — Wann komme ich in Zell am See an?

A — Muß ich umsteigen?

Guten Tag. — B

Um fünf Minuten nach vier. — B

Um sieben Uhr vierzehn. — B

Ja, in Wörgl. — B

11 Schreib sechs wichtige Details über die Bahncard auf englisch auf.

Die ganze Bahn zum halben Preis.

Es gibt viele gute Karten. Aber nur eine, mit der Sie ganz Deutschland zum halben Preis bekommen. Die BahnCard.

■ Mit ihr erhalten Sie 50 % Ermäßigung auf den normalen Fahrpreis 2. Klasse – auch im ICE.

■ Sie gilt ein Jahr. An allen Tagen.

■ Sie selbst bestimmen den ersten Gültigkeitstag.

■ Auf dem gesamten Streckennetz der Deutschen Bundesbahn (DB) und der Deutschen Reichsbahn (DR), ausgenommen innerhalb Verkehrsverbünden.

■ Jeder kann die BahnCard kaufen. Jeder kann beim Bahnfahren sparen.

■ Die BahnCard kostet 220,– DM.
Und für viele gibt es besonders preiswerte Versionen der BahnCard: für Ehepartner, für Senioren, Junioren, Teens, Kinder und Familien.

Nähere Informationen zur BahnCard erhalten Sie bei allen Fahrkartenausgaben, DER-Reisebüros und DB-/DR-Agenturen.

PRIMA! DU KANNST JETZT . . .

fragen: Wie kommst du zur Schule/ dahin? Wie kommt er/sie zur Schule?

sagen: Ich gehe zu Fuß. Ich fahre mit dem Bus/Auto/Rad/Taxi/Zug. Er/Sie fährt mit der U-Bahn. Er/Sie geht zu Fuß. Er/Sie fliegt mit dem Flugzeug.

fragen: Wohin fährst du am Wochenende?

sagen: Ich fahre nach Paris/zur Rollschuhdisco/zum Campingplatz/ins Schwimmbad/zum Tennisplatz/zur Schule.

fragen: Wann fährt der Zug von . . . nach . . . ? Wann kommt der Zug in . . . an? Muß ich umsteigen?

sagen: Um fünf Minuten nach vier. Um sieben Uhr vierzehn.

PROJEKTSEITE

A Mach eine Umfrage in deiner Klasse.

> Wie kommst du zur Schule?

Schreib die Resultate auf.

B Zeichne ein Poster für die Bahncard (sieh Übung 11).

mit Bus & Bahn rundherum mobil

TICKET 24 PLUS
das preisgünstige Angebot
für die Familie.

Gültig ab Entwertung für 24 Stunden für eine Person ohne zeitliche Einschränkung sowie montags bis freitags ab 9 Uhr und an Wochenenden und Feiertagen ganztägig für 2 Erwachsene und bis zu drei Jugendliche unter 18 Jahren. Bei Entwertung am Samstag gilt das TICKET 24 PLUS bis zum Betriebsschluß am Sonntag.

Weitere Informationen erhalten Sie in der HSB-Kundenberatung, Bergheimer Straße 155.
Oder rufen Sie an: 513-20 20.

HSB
Heidelberger Straßen- und Bergbahn Aktiengesellschaft

C Spiel eine Szene am Bahnhof. Wenn möglich, nimm die Szene auf Kassette oder Video auf.

> Wann fährt der Zug von München ab?

> Muß ich umsteigen?

> Wann kommt der Zug in Zell am See an?

Kannst du mit Charakter spielen?
zum Beispiel:

A: hat nicht viel Zeit und spricht schnell.

B: hat Kopfschmerzen, hört nicht gut und spricht langsam.

D Dein(e) Brieffreund(in) kommt nächste Woche zu Besuch. Was soll er/sie mitbringen? Nimm die Antwort auf Kassette auf.

> Liebe Claudia,
> ich freue mich auf deinen Besuch. Am Montag gehen wir schwimmen. Bring deinen Badeanzug mit!

Schreib deinen Brief ins Heft.

German and Austrian currency

It's time to find out more about the currency
of two German-speaking countries!

German		**D**	1 Deutsche Mark = 100 Pfennig
Austrian		**A**	1 österreichischer Schilling = 100 Groschen

ein
Zehnmarkschein

ein
Fünfzigmarkschein

ein
Hundertmarkschein

ein
Zwanzigschillingschein

ein
Fünfhundertschillingschein

ein Tausendschillingschein

Exchange rates change all the time, so if
you want to find out how many marks or
schillings there are in a pound, you will
need to look at an up-to-date exchange rate
table.

Find out the current rate of exchange. The
box on the right shows an example of what
the rate of exchange might be.

Take it in turns to ask your partner how
much these items from Germany and
Austria would cost in pounds. You might
need to use a calculator!

£1 = DM2.42
£1 = öS 17

DM 229,95

öS 510,–

öS 255,–
DM 99,95

DM 36,–

> **A** Was kostet das Buch?

> Zweihundertfünfundfünfzig Schillinge.
> Das heißt fünfzehn Pfund. **B**

Lektion 13

LERNZIELE ▼

You will learn . . .
- how to talk about sporting preferences
- how to express likes and dislikes about sport
- how to make plans according to the weather.

 ## Ankunft in Zell am See

Hey! Morgen gibt's auch ein Spiel in der Eishalle.

Eishockey mag ich nicht . . . da falle ich zu oft hin!

In Dresden habe ich oft Eishockey gespielt. Das macht Spaß!

Im Kur- und Sportcenter gibt es auch eine Kegelbahn - das finde ich besser!

Und eine Sauna mit Solarium - sehr praktisch, wenn das Wetter schlecht ist

Wollen wir zum See gehen?

Nein, laß uns lieber ins Café gehen.

Gute Idee!

Gibt es Tennisplätze hier?

Ja, ich glaube schon.

Du spielst gern Tennis, oder?

Ja, aber ich habe meinen Tennisschläger vergessen!

Das Strandbad - toll!

Aber es ist viel zu kalt zum Schwimmen!

Leider.

Segeln, Rudern und Angeln - das finde ich alle super.

Ich segele nicht gern. Ich bin letztes Jahr in Holland gesegelt. Das war langweilig!

Windsurfen macht Spaß! Aber es ist ziemlich schwer, wenn es windig ist!

Spielen wir Minigolf?

Wo denn?

Da! Neben dem Kinderspielplatz gibt es einen Minigolfplatz.

O ja! Das macht Spaß!

Aber wo ist Rolf?

Natürlich an der Wurstbude!

In der Nacht

O nein. Es regnet! So ein Mistwetter!

Und Rolf, Peter und Andreas haben ein Loch im Zelt!

1 Was paßt zusammen?

a

b

c

1. Ich wandere gern.

2. Ich angele gern.

3. Ich klettere gern.

4. Ich rudere gern.

5. Ich surfe gern.

6. Ich segele gern.

7. Ich spiele gern Eishockey.

d

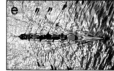
e

f

g

2 A: Wähl eine Person aus der Geschichte.
B: Wer ist A?

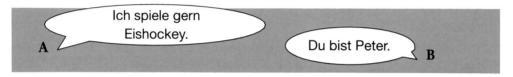

A — Ich spiele gern Eishockey.

B — Du bist Peter.

EXTRA! Was machen Andreas, Anke, Peter, Rolf und Eleni gern?

Anke: Ich schwimme gern im See.

3 Was paßt zusammen?

1. Es gibt eine Kegelbahn	a) Tennisschläger vergessen.
2. Andreas findet	b) Segeln langweilig.
3. Rolf hat seinen	c) wenn es windig ist.
4. Es gibt viele Wassersportmöglichkeiten	d) im Kur- und Sportcenter.
5. Der Minigolfplatz ist	e) in Zell am See.
6. Windsurfen ist ziemlich schwer,	f) neben dem Kinderspielplatz.

EXTRA! Schreib die Sätze ins Heft auf.

4 Schreib das Programm für eine sportliche Woche auf.

Montag – Eishockey
Dienstag – Handball
Mittwoch – Tennis
Donnerstag – Minigolf
Freitag – Fußball

A — Was machst du am Montag?

B — Ich spiele Eishockey. Und was machst du am Montag?

An welchen Tagen macht ihr den gleichen Sport?

5 Hör zu. Welche Sportarten treiben Silvia, Thomas, Susanne, Jürgen, Anneliese und Rainer gern? Und was machen sie am liebsten?

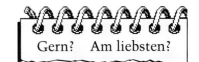

6

B

BOOTSVERLEIH:
Ruderboot für 1–2 Personen,
pro Stunde   S   70,—
Tretboot für 1–2 Personen
pro Stunde   S 110,—
Elektroboot für 1–2 Personen
pro ½Stunde   S 100,—
Elektroboot für 1–2 Personen
pro Stunde   S 140,—
jede weitere Person
pro Stunde   S   25,—

F

FAHRRADVERLEIH:
Intersport Scholz
(Fahrräder und Mountain Bikes)
Sulzer
(Fahrräder, Tandems, Catcars,
Mofas)
Sport Gschwandtner
(Fahrräder)
Sportservice Thumersbach
(Fahrräder)
Hotel Alpenblick
(Fahrräder)

Adventure Service
(Mountain Bikes)

Bahnhof Zell am See
(Fahrräder)
Austria International Travel
Service
(Mountain Bikes)

Preis:
pro Stunde   S   15,— bis S   30,—
pro Tag   S   70,— bis S   90,—
6 Tage   S 350,— bis S 370,—
Mountain Bikes
pro Tag   S 200,— bis S 250,—

FISCHEN:
Fischkarten und Leihgeräte in
den Sportgeschäften und beim
Seecamp Prielau.
Kleinfischkarte (1 Rute,
Wurmköderung vom Ufer)
Großfischkarte (2 Ruten, jegliche
Beköderung, auch vom Boot)

	Kleinfischk.	Großfischk.
1 Tag	S 100,—	S 150,—
1 Woche	S 355,—	S 525,—
2 Wochen	S 525,—	S 1.050,—

Ermäßigung mit Gästekarte

EUROPA**SPORT**REGION
KAPRUN - ZELL AM SEE

K

KUR- UND SPORTCENTER:
Hallen-Erlebnisbad: täglich ge-
öffnet von 10.00 bis 22.00 Uhr:
Dampfbad, Kinderland, Massage
und Sprudelbecken
Erwachsene   S   70,—
Kinder   S   45,—
Sauna (inkl. Hallenbad):
Erwachsene   S 120,—
Kinder   S   80,—
Solarium:
1 Jeton (20 Minuten)   S   50,—
Eishalle:
Erwachsene   S 52,—
Kinder   S 30,—
Weitere Einrichtungen: Massage-
räume, FKK-Terrasse, Kegel-
bahn, Badebar und Café-
Restaurant

S

SEGELN:
Segel- und Windsurfschule Vet-
termann, Prielau, Tel. 37 24 oder
77 4 33

Segelkurs 1 Woche   S 1.850,—
Segelkurs 2 Wochen   S 3.600,—
Kinderkurs (8 bis 12 Jahre)
                        S 1.550,—
Mitsegeln pro Person/
Stunde   S   90,—
Privatstunde   S 300,—
Segelbootmiete (Segelschein er-
forderlich) S 120,— bis S 150,—
Gruppenpreise auf Anfrage

SQUASH:
Mövenpick Hotel Alpine Resort,
Tel. 23 88

Preis pro ½Stunde   S 100,—
Schlägermiete   S   50,—

STRANDBÄDER:
Strandbad Zell am See, Tel. 26 50
Strandbad Thumersbach,
Tel. 23 55 (Wasserskischule,
geheiztes Freibad)
Strandbad Seespitz, Tel. 71 49
(geheiztes Freibad)
Badeplätze Prielau, Erlberg und
Wieshof

Preise:
Erwachsene   S 30,—
Kinder   S 18,—
Ermäßigung mit Gästekarte

T

Tennisplätze Stadtzentrum
Brucker Bundesstraße, Tel. 25 59
täglich von 8.00 bis 21.00 Uhr
geöffnet
6 Freiplätze (Sand)
pro Stunde   S 110,—
mit Gästekarte   S 100,—
Trainerstunde   S 250,—

W

WASSERSKI:
Wasserskischule Strandbad
Thumersbach, Tel. 23 55, von
Ende Mai bis Ende September,
täglich von 9.00 bis 18.00 Uhr
1 Runde   S 80,—

Sieh dir die Auskunft über Zell am See an. Richtig oder falsch?

a) In der Eishalle gibt es eine Badebar und ein Café-Restaurant.

b) Die große Fischkarte kostet 150 Schillinge pro Woche.

c) Das Hallenbad öffnet um zweiundzwanzig Uhr jeden Tag.

d) Man kann ab sieben Uhr Tennis spielen.

e) Im Winter kann man nicht Wasserski laufen.

f) Es kostet fünfundneunzig Schillinge, ein Ruderboot für eine Stunde für zwei Personen zu leihen.

g) Für ein zehnjähriges Mädchen kostet ein Segelkurs über zweitausend Schillinge.

h) Es kostet mehr, ein Mountainbike zu leihen, als ein normales Fahrrad.

Schreib die falschen Sätze richtig auf.

7

A Welchen Sport treibst du gern?

B Ich spiele gern Fußball, ich surfe gern, und ich angele gern.

A Was machst du am liebsten?

B Am liebsten angele ich.

Gib weitere Details.

B Ich angele jedes Wochenende am Fluß. Ich angele oft mit meiner Schwester.

8 Trag diese Tabelle ins Heft ein. Sommertouristen brauchen Information über die Lifts. Hör zu. Ergänze die Tabelle.

Lift	erste Fahrt	letzte Fahrt	Fahrzeit	Preis Erwachsene/Kinder
Schmitten-höhebahn				
Zeller Bergbahn				
Areitbahn				

9 Schreib Sätze ins Heft auf.

Wenn es	regnet, schlecht ist, sonnig ist, neblig ist,	gehen wir wandern. laufen wir Ski. gehen wir ins Museum. bleiben wir in der Schule.

 Kannst du andere Sätze schreiben?

 10 Angelika und Jochem machen Pläne für ihre Ferienwoche in Zell am See. Was planen sie? Hör zu. Füll den Kalender aus.

Montag: In den Bergen eine Wandertour machen (Regenjacke mitbringen)

 11 Füll einen Kalender für eine Woche in Zell am See aus.

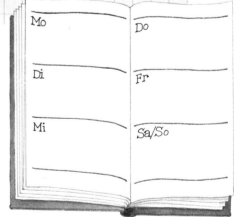

A: Was machen wir am Montag, wenn es sonnig ist?

B: Wenn es sonnig ist, spielen wir Minigolf.

A: Gute Idee!

B: Und was machen wir, wenn es regnet?

A: Wenn es regnet, gehen wir ins Museum.

B: O.K.

EXTRA! Schreib deine Pläne auf.

Wenn es am Montag sonnig ist, spielen wir Minigolf. Wenn es regnet, gehen wir ins Museum.

Tips für Bergwandern und Bergsteigen!

1. Zuerst planen. Was sagt die Routebeschreibung und die Landkarte? Wie hoch geht's hinauf? Mit wieviel Stunden muß man zu Fuß rechnen? Planen macht Spaß!

a

2. Fit sein! Training zu Hause bedeutet mehr Spaß in den Bergen!

b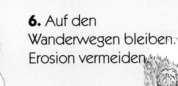

3. Wetterbericht hören, den Alpenvereins-Wetterdienst (Telefon 089/29 50 70) anrufen.

c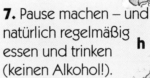

4. Ausrüstung planen. Was sagt die Checkliste? Am Berg ist es zu spät! Sonnenhut und -Brille, Regenjacke, einen warmen Pullover usw. Erste Hilfe (mit Sonnenschutzcreme) mitnehmen. Kompaß, Karte, Taschenmesser und Taschenlampe nicht vergessen!

d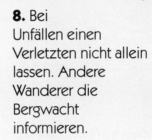

5. Die Bergnatur in Ruhe lassen. Bergfreunde pflücken nie Blumen und stören nie Tiere/Vögel. Nicht laut sein!

e

6. Auf den Wanderwegen bleiben. Erosion vermeiden.

f

7. Pause machen – und natürlich regelmäßig essen und trinken (keinen Alkohol!).

h

8. Bei Unfällen einen Verletzten nicht allein lassen. Andere Wanderer die Bergwacht informieren.

g

 12 Welches Bild paßt zu welchem Tip?

PRIMA! DU KANNST JETZT . . .

fragen: Was machst du am Montag?
sagen: Ich spiele Eishockey/ Handball/Tennis/Minigolf/ Fußball.

fragen: Welchen Sport treibst du gern? Was machst du am liebsten?
sagen: Ich klettere/segele/surfe/ angele/wandere/rudere gern. Ich spiele gern . . . / Am liebsten . . . ich. Am liebsten spiele ich . . .

fragen: Was machen wir am . . . , wenn es regnet? Was machen wir, wenn es sonnig/neblig/ schlecht ist?
sagen: Wenn es. . . , laufen wir Ski/ bleiben wir in der Schule/ gehen wir ins Museum/gehen wir wandern.

A Was gibt es in deiner Stadt/Gegend zu tun? Schreib deine Antwort ins Heft.

> Es gibt Tennisplätze in der Manorstraße.
> Man kann Fußball im Park spielen.

B Schreib/Zeichne ein Touristenposter oder eine Broschüre für Zell am See. Kannst du es auf dem Computer machen?

C Mach eine Werbung für Zell am See/deine Stadt für das Radio. Musik und einen Slogan nicht vergessen! Nimm deine Anzeige auf Kassette auf.

D Schreib/Zeichne dein Sportprofil.

Ich klettere gern, ich wandere gern, ich laufe gern Ski, ich spiele gern Fußball. Am Sonntag schlafe ich am liebsten!

E Spielt eine Szene im Informationsbüro in Zell am See.

> Wo kann man Tennis spielen?

> Was kostet es?

> Kann man hier ein Mountainbike leihen?

> Wie lange dauert die Fahrt auf der Zeller Bergbahn?

Nehmt die Szene auf Kassette oder Video auf.

Word order

Remember! In a German sentence, the verb comes as the second idea.

1	2	3
Am Montag ⟶	spiele ⟶	ich Tennis.
Gestern abend ⟶	war ⟶	er im Jugendklub.
Jeden Montag ⟶	gehe ⟶	ich ins Kino.

Can you unjumble these sentences and write them out correctly? Remember to start with the time phrase (for example, *am Dienstag*) and then the verb will come next.

Ski
Dienstag
ich
am
laufe

mache
Sonntag
Segelkurs
ich
einen
jeden

oft
Tennis
am
ich
Wochenende
spiele

In this unit there was an exception to this rule! Did you notice it?

Und der See ist schön.

Besonders wenn die Sonne scheint!

Im Kur- und Sportcenter gibt es auch eine Kegelbahn – das finde ich besser!

Und eine Sauna mit Solarium – sehr praktisch, wenn das Wetter schlecht ist

Ach, nein! Rolf! Ein Loch im Zelt! Du, Idiot!

Wenn es regnet, kriegen wir Probleme!

Where is the verb in the highlighted part of the sentence? Which word appears in all three examples?

After *wenn*, the verb goes to the end of that part of the sentence (clause). The verb in the next clause is the first idea.

1	2	3
Wenn es windig ist, ⟶	segele ⟶	ich gern.
Wenn es schneit, ⟶	laufe ⟶	ich gern Ski.
Wenn ich krank bin, ⟶	gehe ⟶	ich nicht in die Disco.

Can you make up some more sentences using *wenn*?
Activity 9 on page 106 will give you some ideas!

```
      S
     PI
    TZE
   BERG
  BERGE
 BERGEN
```

ApfelApfelApfelApfel
pfelApfelApfelApfelApfelA
felApfelApfelApfelApfelApfe
ApfelApfelApfelApfelApfel
pfelApfelApfelApfelApfelApfel
ApfelApfelApfelApfelApfel
ApfelApfelApfelApfelApfe
pfelApfelApfelApfelApfelA
ApfelApfelApfelApfelApfe
felApfelApfelApfelApfel
ApfelApfelApfelApfel
felApfelApfelApfelWurmAp
felApfelApfelApfel
pfelApfelApfelApfel
pfelApfelApfelA
pfelApfelA

Ferien, das heißt . . .
Am Strand spazierengehen
Mit Freunden im Wasser
spielen
Den Sonnenuntergang am
Meer sehen
Auf der Wiese mit meinem
Hund spielen.

Ferien, das heißt . . .
Mit Freunden tanzen gehen
Mit dem Pferd durch den
Wald reiten
Um 24 Uhr ins Bett gehen
Ins Kino gehen
Durch das Gras laufen
Warum beginnt nach den
Ferien die Schule?

Ferien, das heißt . . .
Auf dem Berg mit Freunden
sprechen und lachen
Im Hotel Pudding essen
Im Meer Delphine sehen
Am See Würstchen essen.

 Naturfarben

Blau wie der Himmel,
Gold wie die Sonne,
Weiß wie die Wolken.

Blau wie das Meer,
Gold wie der Sand,
Weiß wie die Wellen.

Blau wie die Kornblume,
Gold wie die Osterglocke,
Weiß wie das Schneeglöckchen.

Groß wie der Berg,
Klein wie ich.

am Strand	on the beach
spazierengehen	to go for a walk
der Sonnenuntergang	sunset
die Wiese	meadow
das Pferd	horse
der Wald	wood
der Delphin	dolphin

wie	like
der Himmel	sky
die Wolken	clouds
das Meer	sea
die Wellen	waves
die Kornblume	cornflower
die Osterglocke	daffodil
das Schneeglöckchen	snowdrop
der Berg	mountain

Konjugation

Ich gehe
du gehst
er geht
sie geht
es geht.

Geht es?

Danke – es geht.

ordnung   ordnung
ordnung   ordnung
ordnung   ordnung
ordnung   ordnung
ordnung   ordnung
ordnung   unordn   g
ordnung   ordnung
ordnung   ordnung
ordnung   ordnung
ordnung   ordnung

kein fehler im system
kein fehler imt system
kein fehler itm system
kein fehler tmi system
kein fehler tim system
kein fehler mti system
kein fehler mit system

empfindungswörter

aha die deutschen

ei die deutschen

hurra die deutschen

pfui die deutschen

ach die deutschen

nanu die deutschen

oho die deutschen

hm die deutschen

nein die deutschen

ja ja die deutschen

z. B. Wörter

Zumbei
spiel
kön
nenwi
rm
it denwör
terns
pielen

wirspie
lenwör
terspie
le

Anfang
Baby
Creme
Daumen
Erfahrung
Fortschritt
Grundschule
Hauptschule
Irrwege
Jugendsünden
Küsse
Liebe
Mann und Frau
Neureich
Ordnung
Posten
Qualität
Rastlosigkeit
Sommerhaus
Traumreise
Untergang
Veralten
Warten
X
Y
Zentralfriedhof

die Ordnung	order
die Unordnung	chaos
der Fehler	mistake
der Anfang	beginning
die Erfahrung	experience
der Fortschritt	progress
der Irrweg	error
Jugendsünden (pl)	sins of youth
die Rastlosigkeit	restlessness
die Traumreise	dream trip
das Veralten	growing old
der Friedhof	cemetery

LERNZIELE

You will learn . . .
- how to talk about what someone has done
- how to talk about what you have done
- how to talk about words from foreign languages.

 # Der Kletterunfall

1 Beantworte die folgenden Fragen.

1. Was macht Anke heute?
2. Was findet Eleni schwer zum Tragen?
3. Was kann Michael gut?
4. Wer ist Sabine?
5. Wie findet Peter seinen Helm?
6. Warum ist Peter gefallen?

a) Das Seil.
b) Er hat nicht gut aufgepaßt.
c) Rolfs neue Freundin.
d) Eine Radtour in die Berge.
e) Er kann gut klettern.
f) Unbequem.

2 Ergänze die folgenden Sätze.

| Musik |
| Campingladen |
| Mountainbikes |
| Spaziergang |

a) Eleni hat ihren **?** verloren.
b) Anke hat Elenis Helm in der **?** gefunden.
c) Gestern hat Ankes Gruppe sich **?** geliehen.
d) Michael ist **?** geklettert.
e) Rolf hat Sabine im **?** getroffen.
f) Rolf und Sabine haben einen **?** gemacht.
g) Rolf und Sabine haben ein **?** im Café gegessen.
h) Sie haben **?** von der Jukebox gehört.
i) **?** ist gefallen.

| Helm |
| Tasche |
| Peter |
| gut |
| Eis |

3 Trag dieses Kreisdiagramm ins Heft ein.

Hör zu. Füll die Prozente aus.

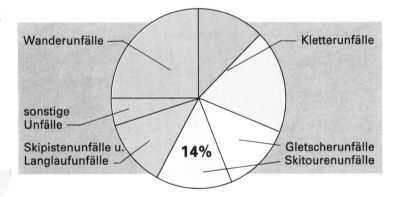

Wanderunfälle — Kletterunfälle

sonstige Unfälle

Skipistenunfälle u. Langlaufunfälle

14%

Gletscherunfälle
Skitourenunfälle

 Schreib Sätze auf.

Vierzehn Prozent waren Skitourenunfälle.

4 Könnt ihr diese Bergvokabeln ordnen? Die Wörter sind auf englisch, deutsch, französisch und italienisch.

A: Wie heißt *boot* auf deutsch?
B: Stiefel. Und auf italienisch?
A: Ich weiß nicht. Vielleicht *stivale*?
B: Gute Idee!

accident	Karte	Alpes	corda
Alps	Seil	botte	casco
boot	Helm	corde	incidente
helmet	Stiefel	accident	Alpi
map	Unfall	carte	stivale
rope	Alpen	casque	carta/ mappa

5 Hör zu. Letzten Samstag war ein hektischer Tag für Manuela! Was hat sie gemacht?
Ordne diese Bilder.

a

b

c

d

f

e

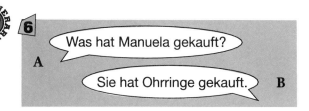

6

A Was hat Manuela gekauft?

B Sie hat Ohrringe gekauft.

gehört   gekauft
gespielt   getrunken
geschrieben   gegessen
gesehen

7 Schreib Sätze und zeichne ein Bild dazu.   Er hat eine Wanderung gemacht.

Er Sie	hat	eine Wanderung Tennis einen Brief ein Eis eine Freundin Musik ein T-Shirt	besucht. geschrieben. gehört. gespielt. gegessen. gekauft. gemacht.

 Kannst du andere Sätze schreiben?   Sie hat eine Freundin getroffen.

8 Lies die Postkarten.

Grüße aus Zell am See, wo es sehr hektisch ist! Ich habe Eishockey gespielt, einen Segelkurs und Wanderungen gemacht, und ich habe klettern gelernt. Jetzt bin ich müde! Heute nachmittag war frei und ich habe einige Postkarten geschrieben, mein Buch gelesen und auch ein bißchen geschlafen.
Christiana

Carola Fr...
Hafenstraße...
20539 Hamburg

ZELL AM

Hallo Mutti! Ich treibe viel Sport! Am Montag habe ich Tennis gespielt - es hat geregnet, aber es gibt einen Hallenplatz, sehr praktisch! Am Dienstag bin ich gesegelt. Es war sehr windig und es hat Spaß gemacht! Heute habe ich mit meiner Gruppe eine Radtour in den Bergen gemacht. Toll!
Angelika.

Frau
Hannelore Petersen
Bahnhofstraße 38
22083 Hamburg

Mittwoch
Es macht Spaß hier in Zell am See! Letzte Woche habe ich einen Kletterkurs gemacht. Ich kann jetzt gut klettern. Gestern haben wir eine Wanderung gemacht - toll, aber es hat geregnet! Heute haben wir das Stadtmuseum besucht. Ich fand es sehr interessant.
Bis bald, Katja.

Beantworte die folgenden Fragen.

a) Wer hat das Stadtmuseum besucht?
b) Was hat Christiana in der Eishalle gemacht?
c) Wie war das Wetter am Dienstag?
d) Wer hat einen Segelkurs gemacht?
e) Was hat Katja gestern gemacht?
f) Was hat Angelika im Hallenplatz gemacht?

g) Was hat Angelika heute gemacht?
h) Was hat Christiana am freien Nachmittag gemacht?

EXTRA! Kannst du eine Postkarte aus Zell am See schreiben?

9 Claudia, Stefan, und Susanne beschreiben ihre Ferien. Hör zu und mach Notizen.

Wohin?   Wie lange?   Wie?   Mit wem?   Was gemacht?

EXTRA! Was hat Claudia (oder Stefan oder Susanne) in den Ferien gemacht? Schreib die Antwort ins Heft.

10

A: Was hast du gestern abend gegessen?
B: Ich habe Pizza und Salat gegessen.

A: Was hast du gestern abend getrunken?
B: Ich habe Limonade getrunken.

A: Was hast du gestern abend gemacht?
B: Ich habe Hausaufgaben gemacht, ich habe den Jugendklub besucht, und ich habe ferngesehen.

meine Freundin besucht
Fußball gespielt
Musik gehört
ein Buch gelesen
einen Brief geschrieben
eine Radtour gemacht
ferngesehen
das Kino besucht

Unfälle mit Kindern

In den letzten Jahren ist die Anzahl von Unfällen mit Kindern in unserer Stadt größer geworden. Unsere Reporterin, Luise Klammer, hat eine Untersuchung gemacht und schreibt:

Über vierzig Prozent der Unfälle ereignen sich im Haushalt. Kinder fallen die Treppen hinunter, sie zerbrechen Fensterscheiben usw. Es gibt auch kleine Kinder, die ins Krankenhaus eingeliefert werden, weil sie Tabletten oder Bleichmittel geschluckt haben. Solche Unfälle sind vermeidbar, und Eltern müssen dafür sorgen, daß gefährliche Dinge unerreichbar sind. Das zweitgrößte Risiko (fünfunddreißig Prozent) für Kinder ist auf der Straße. Verkehrsunfälle, besonders beim Radfahren, haben sich in den letzten Jahren verdoppelt. Glücklicherweise tragen die meisten Kinder Helme beim Radfahren, und es hat bis jetzt keine tödlichen Unfälle in der Stadt gegeben. Ab nächsten Monat gibt es eine neue Verkehrsampel am Ende der Sigistraße, wo viele Kinder die Straße überqueren. Die Autofahrer müssen aber trotzdem achtgeben, daß sie nicht zu schnell fahren. Wir sind alle für unsere Kinder verantwortlich! Passen Sie also auf!

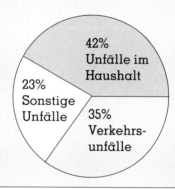

42% Unfälle im Haushalt

35% Verkehrsunfälle

23% Sonstige Unfälle

11 **Beantworte die Fragen.**

a) Wer hat die Untersuchung über Kinderunfälle gemacht?

b) Gib ein Beispiel von einem Unfall im Haushalt.

c) Passieren die meisten Unfälle auf der Straße?

d) Was hat sich in den letzten Jahren verdoppelt?

e) Wo gibt es nächsten Monat eine neue Verkehrsampel?

PRIMA! DU KANNST JETZT . . .

fragen: Wie heißt . . . auf englisch/ deutsch/französisch/ italienisch?

fragen: Was hat er/sie gemacht?

sagen: Er/Sie hat Pizza gegessen/ Fußball gespielt/einen Freund getroffen/Limonade getrunken/ Ohrringe gekauft/einen Film gesehen/Hausaufgaben gemacht/einen Brief (eine Postkarte) geschrieben/ein Buch gelesen/Musik gehört/ eine Freundin besucht/ ferngesehen. Er/Sie ist geklettert.

fragen: Was hast du (gestern abend) gemacht/gegessen/getrunken?

sagen: Ich habe . . .

PROJEKTSEITE

A Was hast du gestern gegessen und getrunken?

Zum Frühstück habe ich Cornflakes mit Milch und Zucker und Toast mit Marmelade gegessen. Ich habe Tee getrunken.

Zum Mittagessen habe ich Brot mit Käse und Joghurt gegessen. Ich habe Apfelsaft getrunken.

Zum Abendessen habe ich Hähnchen, Kartoffeln und Spinat gegessen. Ich habe Limonade dazu getrunken.

B Klassenumfrage

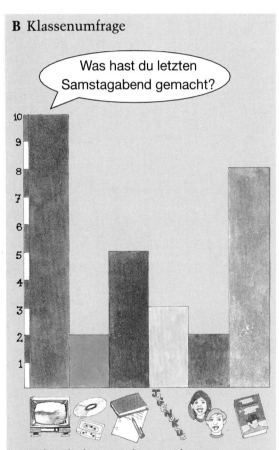

Was hast du letzten Samstagabend gemacht?

Schreib die Resultate auf.

Zehn Leute haben ferngesehen. Zwei Leute haben Musik gehört. Fünf Leute haben Hausaufgaben gemacht. Drei Leute haben den Jugendklub besucht. Zwei Leute haben Freunde besucht. Acht Leute haben gelesen.

C Mach eine Kollage über letztes Wochenende. Schreib einen Text und zeichne Bilder dazu.

Hast du Fotos oder Andenken?
Zum Beispiel:
Postkarten oder Broschüren?
Eintrittskarten oder Einladungen?

D Bereite eine kleine Rede mit dem Titel „Letztes Wochenende" vor.
Nimm die Rede auf Kassette auf.

Austrian German

English is spoken in many parts of the world, but
sometimes different words are used for the same thing.
How would you say these American words in English?

freeway   downtown   garbage   gasoline   fall   tuxedo

Similarly, German in Austria is not always exactly the
same as the German spoken in Germany (*Hochdeutsch*).

Sometimes, words (for example, *Servus!*) are commonly
used in Austria and southern Germany, but not in
northern Germany. Can you think why this might be?

Look at these Austrian German words. Which language
do you think they might have come from? Why?

Karfiol (Blumenkohl)   Melanzani (Auberginen)   kapischo? (verstanden?)

Tip! Some Austrian words are easy to recognise, because they
end in *erl: Stüberl, Häuserl, Mäderl, Zuckerl.*

Can you match up these German and Austrian words?

Aprikose	Abendbrot		Jänner	Feber
Weihnachtsmarkt			Mäderl	Zuckerl
Bonbons	Kartoffel		Bub	Servus!
Januar	Kaffee und Kuchen		Kaffeejause	Marille
Tschüs	Spaß		Erdapfel	Nachtmahl
Mädchen	Februar	Junge	Gspaß	Christkindlmarkt

Wiederholung

 ## Wieder nach Hause!

Ein Kletterunfall?

Was ist passiert?

Ist er verletzt?

Ja, das ist kein großes Problem.

Peter hat nicht aufgepaßt und ist gefallen.

Er hat sich das Bein gebrochen, aber er ist trotzdem gut gelaunt und frech wie immer!

Auf dem Campingplatz

Mein Rucksack ist zu klein.

Du hast zu viele Andenken gekauft!

Soll ich dir helfen, Peter?

Ja, kannst du bitte mein Handtuch, meinen Schlafsack und meinen Pullover einpacken?

Wo sind meine Sportschuhe? Und ich kann mein neues Taschenmesser nicht finden!

Und dein Taschenmesser hast du in der Hand!

Deine Sportschuhe sind unter deinem Rucksack...

Ist das alles?

Ja, danke. Den Rest hat Herr Jäger für mich gepackt.

Eine Stunde später am Bahnhof

Fährt der Zug direkt, Herr Jäger?

Ja, wir kommen um Viertel nach eins in München an.

Du siehst gesund aus, Michael!

Ja, Sport und frische Luft – das hat Spaß gemacht!

Und beim Klettern warst du der Stärkste!

Wo ist Rolf?

Dort am Zeitungskiosk. Er kauft Süßigkeiten für die Reise!

Paß auf Peter auf!

O nein! Ich habe meinen Schlafsack am Bahnhof vergessen!

Zu spät!

Zell am See war schön.

Nächstes Jahr möchte ich Windsurfen lernen!

Ich auch!

Jetzt zwei Wochen mit gebrochenem Bein zu Hause – wie langweilig!

Wir können dich besuchen . . .

Später am Nachmittag

Wie geht es Peter?

Ganz gut. Anke und Rolf sind hier, und sie spielen Karten.

Willst du heute abend zum Konzert vor dem Nymphenburger Schloß gehen?

Ja, gerne. Und wenn es regnet?

Dann gehen wir ins Kino.

Ich freue mich schon darauf. Bis später!

1 **Richtig oder falsch?**

a) Peter hat sich den Arm gebrochen.
b) Eleni hat viele Andenken gekauft.
c) Rolf hat Peter beim Packen geholfen.
d) Michael kann gut klettern.
e) Rolf kauft eine Zeitung am Kiosk.

f) Nächstes Jahr möchte Michael Segeln lernen.
g) Rolf hat seinen Rucksack am Bahnhof vergessen.
h) Wenn es regnet, gehen Herr Jäger und Peters Mutter ins Kino.

Schreib die falschen Sätze richtig auf.

2 **Was für Andenken haben sie gekauft?**   öS 49

öS 16   öS 20   öS 38   öS 36

Rolf   Peter   Eleni   Anke   Andreas

A ⟩ Was hat Peter gekauft?

Peter hat zwei Sticker gekauft. ⟨ B

A ⟩ Was hat das Andenken gekostet?

Es hat sechzehn Schillinge gekostet. ⟨ B

zwei Sticker
einen Schlüsselanhänger
eine Kassette
Schokolade
Postkarten

3 **Lies den Brief unten. Was hast du letzte Woche gemacht?**
Schreib einen Brief oder eine Postkarte.

München, 18.7.1993

Liebe Birgit!
Letzte Woche war ich mit dem Jugendklub in Zell am See. Es hat
Spaß gemacht! Ich habe Minigolf und Tennis gespielt. Ich habe
eine Radtour (mit einem Mountain Bike) in den Bergen gemacht.
Toll!
Peter, Eleni, und Rolf haben einen Kletterkurs gemacht - leider ist
Peter gefallen und er hat sich das Bein gebrochen. Schade!

LERNZIELE

You will learn . . .
- how to talk about what is on television
- how to give opinions about television programmes
- how to say what you did yesterday evening.

 ## Streit ums Fernsehprogramm

In der letzten Woche habe ich so viel ferngesehen. Wollen wir nicht lieber Karten spielen?

Du bist Mörder!

Diese Serie ist spannend.

Anke! Endlich! Warum kommst du so spät?

Spät? Ich kann nicht immer hier sein, Peter! Ich mußte Hausaufgaben machen, und ich habe meinen Großvater besucht . . .

Mir geht's nicht gut! Mein Bein tut weh . . .

Du hast die Lindenstraße verpaßt, Anke.

O nein! Das ist meine Lieblingssendung. Was kommt jetzt?

Der Wetterbericht – das ist langweilig!

Aber für morgen ist er wichtig! Wenn es schön ist, unternehmen wir eine Radtour und machen ein Picknick mit dem Jugendklub!

O, ja. Toll!

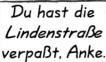

Spitze! Jetzt kommt ein Zeichentrickfilm. Zeichentrickfilme finde ich immer lustig.

Und ich muß zu Hause bleiben. Das Leben ist unfair!

Ich finde Trickfilme blöd! Ich gehe nach Hause. Bis morgen! Tschüs!

Was hast du heute gemacht, Peter?

Nicht viel . . . ferngesehen, gelesen, Computerspiele, Musik gehört . . .

Und du?

Das Handballspiel heute war echt gut, und nach der Schule bin ich mit Michael ins Eiscafé gegangen.

Mit Michael? Ins Eiscafé? Warum?

Um ein Eis zu essen natürlich!

Ist der Zeichentrickfilm zu Ende?

Ja, in fünf Minuten kommt die Tagesschau.

Das finde ich nicht besonders interessant . . . und ich muß sowieso nach Hause gehen. Bis morgen! Tschüs!

Die Nachrichten finde ich auch schrecklich. Im ZDF gibt es ein Fußballspiel – das ist viel interessanter!

Dann gehe ich nach Hause. Da kann ich bestimmt die Tagesschau sehen. Tschüs!

Endlich ein bißchen Ruhe!

In der ARD kommt eine Quizsendung – die möchte ich sehen.

Eine Quizsendung! Nein, Fußball ist viel interessanter!

Quizsendungen sehe ich am liebsten . . .

Tja! Ich kann die Quizsendung zu Hause sehen. Bis morgen, Peter! Tschüs!

Anke!

1 **Ergänze die folgenden Sätze.**

a) Heute findet Eleni den ❓ wichtig.
b) *Lindenstraße* ist eine ❓
c) Die ❓ finden Andreas nicht besonders interessant und Peter schrecklich.
d) Rolf findet ❓ immer lustig.
e) Anke sieht am liebsten ❓
f) Peter will eine ❓ sehen.

Sportsendung | Serie | Nachrichten
Quizsendungen | Wetterbericht | Zeichentrickfilme

2 **Richtig oder falsch?**

a) Rolf findet *Lindenstraße* spannend.
b) Morgen macht Peter ein Picknick.
c) Der Zeichentrickfilm kommt nach dem Wetterbericht.
d) Peter hat Hausaufgaben gemacht.
e) Nach der Schule hat Anke sofort Peter besucht.
f) Die Quizsendung kommt im ZDF.

3 **Hör zu. Schreib die Details auf.**

1. *Benjamin Blümchen*
2. *Der Preis ist heiß*
3. *Tagesschau*
4. *Sportschau*
5. *Lindenstraße*
6. *Punkt, Punkt, Punkt*
7. *Tagesschau*
8. *Hitparade*
9. *Die Straßen von San Francisco*
10. *Ran*

Um wieviel Uhr?
Was für Sendung?

EXTRA! Was kommt heute abend bei dir im Fernsehen? Schreib eine Liste ins Heft.

17.35 *Neighbours* – Seifenoper

4

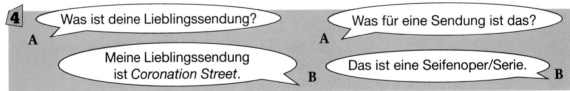

A Was ist deine Lieblingssendung?

B Meine Lieblingssendung ist *Coronation Street*.

A Was für eine Sendung ist das?

B Das ist eine Seifenoper/Serie.

5 **Vergleich deine Resultate von Übung 4 mit diesen Resultaten aus Deutschland. Schreib Sätze ins Heft.**

In meiner Klasse sind Zeichentrickfilme nicht so beliebt wie in Deutschland.
In meiner Klasse sind Krimis beliebter als in Deutschland.

Fernsehprogrammpräferenzen (Beliebtheit)
Sendungsarten, die ganz besonders gern gesehen werden in Prozent

Sendungsart	%
Zeichentrickfilme	88
Lustige Filme, Stummfilme	79
Tiersendungen	73
Western, Indianfilme	69
Kindersendungen	66
Zukunfts-/Science-fiction-Programme	69
Krimis	61
Popmusikprogramme	58
Jugendprogramme	48
Sportsendungen	44
Nachrichten	11

Quelle: ZDF Jahrbuch 0 10 20 30 40 50 60 70 80 90

6 Hör zu. Welche Sendungen wählen Uwe, Dieter, Katrin, Doris und Marianne?

15.00 Tagesschau

15.05 Paris ist voller Liebe
Originaltitel: Made in Paris
US-Spielfilm von 1965
Regie: Boris Sagal

Einkäuferin Maggie (Ann-Margret) fliegt nach Paris. Dort trifft sie Marc (Louis Jourdan), der mit ihrer Vorgängerin ein Verhältnis hatte **99 Min.**

16.45 Straßenbahnen der Welt
10teilige Reihe. Nagasaki
8. Folge: am nächsten Samstag

17.00 ARD-Ratgeber: Reise
Thema: Disney World in Florida
Auch am 19. November, 10.03 Uhr

17.30 Globus
Themen: PCB-Verbot wirkungslos? Verseuchte Alltagsgegenstände / Das grüne Image — nützt Öko-Sponsoring der Umwelt? / Porträt: Nachtreiher. Mit Hartmut Stumpf

18.00 Tagesschau

18.05 Wir über uns

18.10 Sportschau

18.40 Lindenstraße ☑
Familienserie. Enricos Tränen
Siehe auch rechts
311. Folge: am nächsten Sonntag

19.09 Die Goldene 1
Wochengewinner der ARD-Lotterie

19.10 Weltspiegel
Mit Rolf Seelmann-Eggebert
Auch morgen, 10.03 Uhr

19.50 Sportschau-Telegramm

ABENDS

19.58 Heute im Ersten

20.00 Tagesschau ☑

20.15 Tatort ☑
Die chinesische Methode
Krimi von Volker Maria Arend und Andreas Missler-Morell
Ivo Batic ....Miro Nemec
Franz Leitmayr .. Udo Wachtveitl
Chow ....Ric Young
Röder ....Karl Friedrich
Mok ....David Tse
Lo .... Dschingis Bowakow
Menzinger ....Michael Fitz

Herr Wang .... Hi Ching
Regie: Maria Knilli
Für diesen „Tatort" betreiben das Autorenteam und die Regisseurin, alle Absolventen der Münchner Filmhochschule, ausgiebige Milieustudien in Münchner China-Restaurants. Aquarien, die sie dort immer wieder vorfanden, brachten sie auf die ungewöhnliche Erpressungs-Methode der spannenden Story.
Siehe auch rechts

21.45 Titel, Thesen, Temperamente
Aktuelles Kulturmagazin

22.15 Tagesschau

22.20 Die Kriminalpolizei rät
Hinweise zur Verhinderung von Straftaten

22.25 Dublin
Ein Porträt von Luc Jochimsen
Dublin an der Ostküste Irlands hat rund 530 000 Einwohner. Zu den bedeutendsten Söhnen der Stadt zählen die Literaten George Bernard Shaw (1856—1950), James Joyce (1882—1941) und Sean O'Casey (1880—1964). Wegen seiner regen intellektuellen und künstlerischen Aktivitäten wurde Dublin in diesem Jahr zur Europäischen Kulturhauptstadt ernannt.

7 Seht euch die Programmdetails in Übung 6 an.
Wer zuerst antwortet, stellt die nächste Frage.

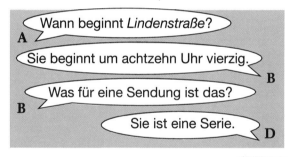

A — Wann beginnt *Lindenstraße*?

B — Sie beginnt um achtzehn Uhr vierzig.

B — Was für eine Sendung ist das?

D — Sie ist eine Serie.

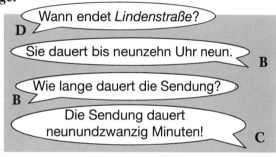

D — Wann endet *Lindenstraße*?

B — Sie dauert bis neunzehn Uhr neun.

B — Wie lange dauert die Sendung?

C — Die Sendung dauert neunundzwanzig Minuten!

 Schreib Sätze ins Heft auf.

Die Serie, *Lindenstraße*, beginnt um 18.40 Uhr und endet um 19.09 Uhr. Die Sendung dauert 29 Minuten.

8 Was haben Bettina und Markus gemacht?
Hör zu und schreib die Details auf.

Bettina
18.00 Hausaufgaben begonnen/Musik gehört
18.40 *Lindenstraße* gesehen/zu Abend gegessen
19.30 mit Beate telefoniert
20.10 Beate im Jugendhaus getroffen/Tischtennis gespielt
23.00 eingeschlafen

 Schreib einen Text ins Heft auf.

Um 18.00 Uhr hat Bettina mit ihren Hausaufgaben begonnen. Sie hat nebenbei auch Musik gehört . . .

9 Lies die Resultate dieser Umfrage. Schlag die neuen Vokabeln im Wörterbuch nach. Schreib zehn Sätze ins Heft auf.

Mehr Frauen als Männer haben beim Fernsehen gebügelt.

Mehr Männer als Frauen haben beim Fernsehen zu Abend gegessen.

40 Prozent der Männer haben nur ferngesehen.

10 Prozent der Frauen haben Illustrierte gelesen.

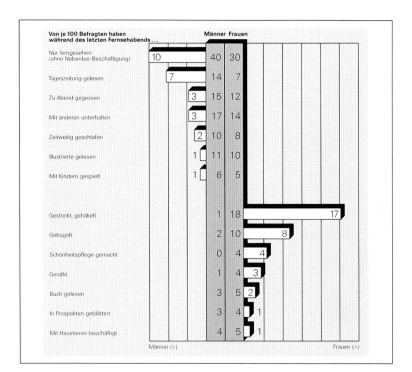

Von je 100 Befragten haben während des letzten Fernsehabends...

	Männer	Frauen
Nur ferngesehen (ohne Nebenbei-Beschäftigung)	40	30
Tageszeitung gelesen	14	7
Zu Abend gegessen	15	12
Mit anderen unterhalten	17	14
Zeitweilig geschlafen	10	8
Illustrierte gelesen	11	10
Mit Kindern gespielt	6	5
Gestrickt, gehäkelt	1	18
Gebügelt	2	10
Schönheitspflege gemacht	0	4
Genäht	1	4
Buch gelesen	3	5
In Prospekten geblättert	3	4
Mit Haustieren beschäftigt	4	5

Männer (+)   Frauen (+)

10

A — Hast du gestern abend ferngesehen?

Ja, ich habe die Sportschau gesehen. — B

A — Wie hast du die Sendung gefunden?

Sie war interessant. — B

A — Hast du etwas nebenbei gemacht?

Ja, ich habe zu Abend gegessen. — B

+	**−**
wichtig	blöd
spannend	langweilig
interessant	schrecklich
lustig	doof
toll	uninteressant

11

Achtung! Kamera läuft!

Jugendliche machen Karriere beim Film – Interview mit Christian Kahrmann, Schauspieler in der beliebten Fernsehserie *Lindenstraße*.

Wann hast du zum ersten Mal einen Film gemacht?
Als ich sieben Jahre alt war.

Und wann hast du Lindenstraße begonnen?
Vor vier Jahren habe ich die Rolle des Benny Beimer bekommen. Ich bin mit *Lindenstraße* groß geworden.

Wie findest du Benny?
Er ist ein ganz normaler Jugendlicher und hat ganz normale Probleme – er geht nicht gern zur Schule, er streitet sich mit den Lehrern und seinen Eltern, usw.

Hast du auch Zeit für deine Schularbeiten?
Ja, ich mache meine Schulaufgaben immer abends. Ich möchte die Schule mit einem guten Abschluß beenden und später an der Filmhochschule studieren. Ich nehme auch seit vier Jahren Schauspielunterricht.

Wie findest du Textlernen?
Textlernen ist wie Zähneputzen: Alles Routine. Vor der Probe lese ich mehrmals den Text. Nur bei langen, schwierigen Texten übe ich vor dem Spiegel.

Wer hat dir am meisten geholfen?
Meine Mutter! Sie sitzt oft viele Stunden am Telefon und beantwortet Fragen der Agenturen und der Presse. Da kommen Angebote für neue Rollen, aber auch Bitten um Hilfe. Ich helfe gern Menschen: zum Beispiel habe ich Geld für krebskranke Menschen gesammelt.

Welche Hobbys hast du?
Ich treffe mich mit meinen Freunden in Discotheken. Ich übe auch manchmal als Discjockey. Absolut spitze finde ich Housemusic, Deep House oder auch Funk und Soul! Ich habe auch viel Post von meinen Fans zu lesen!

Lies das Interview auf Seite 128. Schreib die Sätze fertig.

1. Benny Beimer geht
2. Christian Kahrmann macht immer abends
3. Vor vier Jahren hat Christian
4. Christian übt vor dem Spiegel, wenn
5. Christians Mutter
6. Später möchte Christian
7. Christian hat krebskranken Menschen
8. Christians Lieblingshobby

a) er einen schwierigen Text lernen muß.
b) seine Schulaufgaben.
c) hilft ihm viel mit Telefongesprächen usw.
d) geholfen.
e) die Rolle in *Lindenstraße* begonnen.
f) ist Musik.
g) nicht gern zur Schule.
h) an der Filmhochschule studieren.

 Erfinde ein Interview mit dem Titel „Achtung! Kamera läuft!"

Es gibt zwei staatliche Senderkanäle in Deutschland.

Hier ist das Maskottchen vom ZDF.

Das dritte Programm ist ein Regionalprogramm.
Die anderen Sender sind private Fernsehkanäle.

PRIMA! DU KANNST JETZT . . .

fragen: Was ist deine Lieblingssendung?
Was für eine Sendung ist das?
sagen: Meine Lieblingssendung ist . . .
Das ist ein Zeichentrickfilm/ein Krimi/eine Serie/eine Seifenoper/eine Quizsendung/eine Kindersendung/eine Tiersendung/eine Sportsendung/eine Musiksendung/eine Spielshow.
fragen: Wann beginnt . . .?
Wann endet . . .?
Wie lange dauert . . .?
sagen: Sie beginnt/endet um . . . .
Sie dauert dreißig Minuten.

fragen: Hast du gestern abend ferngesehen?
sagen: Ich habe . . . gesehen.
fragen: Wie hast du . . . gefunden?
sagen: Es war blöd/langweilig/doof schrecklich/interessant/spannend/lustig/wichtig/toll.
fragen: Hast du etwas nebenbei gemacht?
sagen: Ich habe gelesen/zu Abend gegessen/gebügelt/gestrickt/genäht/geschlafen/mit Kindern gespielt.

A Fernsehumfrage!
Schreib fünf Programmtitel auf.
Mach eine Umfrage.

> Wie findest du
> *Match of the Day?*

Schreib die Resultate auf.

B Lies diesen Brief.

> Meine Lieblingssendung heißt *Punkt,*
> *Punkt, Punkt*. Das ist eine Spielshow in
> der ARD, jeden Montag um 19.05 Uhr.
> Und du? Hast du eine
> Lieblingssendung?

Schreib deine Antwort ins Heft auf.

C Bereite ein Interview über Fernsehen
vor. Schreib deine Fragen ins Heft auf.

Was ist deine Lieblingssendung?
Warum?
Wie findest du Sportsendungen?
Wie oft siehst du fern?
Hast du gestern abend ferngesehen?
(Wenn ja!) Hast du etwas nebenbei
gemacht?

Wenn möglich, nimm das Interview
auf Kassette auf.

D Finde Details über Fernsehprogramme.
Schreib Information über die
Programme auf deutsch auf.

5.05	**Blue Peter.(T) (S)**
5.35	**Neighbours.(T) (S) (R)**
6.00	**News;(T)** weather.
6.30	**Regional news magazines.**
7.00	**Top of the Pops.(S)**
7.30	**East Enders.(T) (S)**
8.00	**The Russ Abbot Show.(T) (S) (R)**

Um sechs Uhr gibt es die Tagesschau.
Ich finde die lokalen Nachrichten um
halb sieben interessanter als die
Tagesschau. Um sieben Uhr kommt
Top of the Pops, *eine Musiksendung.*
Ich finde Top of the Pops *spitze. Es ist*
meine Lieblingssendung.

E Erfinde einen neuen Fernsehkanal!
Wie heißt er? Was für ein Logo hat er?
Was für Programme gibt es? Schreib/
zeichne Werbung für deinen neuen
Kanal.

F Was hast du gestern abend gemacht? Bereite eine kleine
Rede vor. Nimm deine Rede auf Kassette auf.

> Ich habe ferngesehen und
> Comics gelesen.

> Ich habe die Tagesschau gesehen und
> nebenbei zu Abend gegessen.

> Der Krimi, *Miami Vice*, war
> gestern abend sehr spannend.

> Um 10.30 Uhr bin
> ich ins Bett gegangen.

> Ich habe *East Enders*
> gesehen. Ich finde diese
> Seifenoper spitze.

> Ich habe eine Tiersendung gesehen
> und nebenbei ein bißchen gebügelt.

Past participles

A very important part of talking about things that you
have done is the past participle.

In English, many past participles are formed by adding *ed* to the verb.

to play ➡ played   to cook ➡ cooked

There are also many irregular verbs. For example, what is the past participle of these
verbs: to buy to throw to say to read to swim?

Now look at the past participles in these German sentences.

Letztes Wochenende
habe ich gesegelt.

Ich habe Fußball gespielt.

Many past participles are also easy to form in German.

spielen ➡ gespielt   kochen ➡ gekocht

Can you work out the past participles of these verbs?

| planen | hören | bügeln | kaufen |
| machen | klettern | stricken | tanzen |

Can you write sentences using the verbs above?
Illustrate your sentences as well.

German, like English, has many irregular verbs. There is
no easy way out – these verbs have to be learned!
Can you match each verb to its past participle?

besuchen	essen	getrunken	besucht
sehen	telefonieren	gelesen	geschrieben
lesen	schreiben	getroffen	telefoniert
treffen	trinken	gegessen	gesehen

1. Write the verbs from this page and their past
participles on separate pieces of card. Place
them face down on the table and take it in
turns to turn over two cards. If you turn over
the verb and its past participle, you keep that
pair of cards. The winner is the player who
has the most pairs at the end of the game.

2. Try the three second test! A says
a verb, for example: *spielen* and
starts to count *eine Sekunde,
zwei Sekunden, drei Sekunden.*
B says the past participle before
the three seconds are up and gets
a point! (If not, A gets the point!)

LERNZIELE

You will learn . . .
- how to report an emergency
- how to buy items in a department store
- how to talk about buying presents.

Die Katastrophe

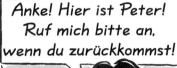

Anke! Hier ist Peter! Ruf mich bitte an, wenn du zurückkommst!

Tja! Ich habe keine Lust zum Lesen und zum Fernsehen. Vielleicht koche ich etwas zum Abendessen . . .

Immer noch der blöde Anrufbeantworter. Warum ist Anke nicht zu Hause?

Die Radtour war toll!

Was machst du jetzt, Anke?

Ja, wir hatten Glück mit dem Wetter.

Ich gehe zu Karstadt und kaufe ein Geschenk für Peter. Gestern abend war ich vielleicht ein bißchen unfair . . .

Schade, daß Peter heute abend nicht mit in die Disco kommen kann.

Bis später!

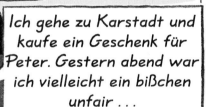

Tschüs!

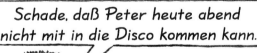

In der Musikabteilung

Haben Sie die neue Kassette von Trampolin?

CDs
A – D

Nein, leider ist sie ausverkauft.

In der Sportabteilung

Haben Sie dieses T-Shirt eine Nummer größer?

Nein, leider nicht. Nächste Woche bekommen wir eine neue Lieferung.

1 Richtig oder falsch?

a) Während der Radtour hat es viel geregnet.
b) Peter hat Lust zum Fernsehen.
c) Peter geht heute abend mit seinen Freunden in die Disco.
d) Die neue Kassette von Trampolin kostet vierundzwanzig Mark.
e) Anke ruft die Feuerwehr an.

EXTRA! Schreib die falschen Sätze richtig auf.

2 Beantworte die folgenden Fragen.

a) Was haben Rolf, Andreas, Anke und Eleni heute gemacht?
b) Warum muß Peter mit dem Anrufbeantworter sprechen?
c) Was kauft Anke und für wen?
d) Warum hat Anke keine Kassette gekauft?
e) Wer wohnt Bismarckstraße 15?

3 Renate ist in der Stadt und will eine Freundin anrufen, aber sie hat ihr Adressenbuch zu Hause vergessen. Was macht sie?

Ordne diese Sätze.

a) Sie nimmt den Hörer ab.
b) Sie steckt zwei Markstücke ein.
c) Sie sucht die Nummer ihrer Freundin im Telefonbuch.
d) Sie spricht mit ihrer Freundin.
e) Sie geht in die Telefonzelle.
f) Sie wählt die Telefonnummer.
g) Sie legt den Hörer auf.

A — Feuerwehrstation.

B — Hallo. Hier spricht Beate Schmidt. Es brennt in der Thuillestraße.

A — Wie buchstabiert man die Straße?

B — T-H-U-I-L-L-E straße.

A — Welche Nummer?

B — 34.

A — O.K. Wir kommen sofort!

 EXTRA! Könnt ihr auch einen Unfall melden?

5 Hör zu. Welche Nummer rufen diese Leute an?

1 = 1 15 12

Telefon-Sonderdienste und Telefonansagen

	Fernsehprogramm	1 15 03		Reisewettervorhersage/ Wintersportwetterbericht	1 16 00
	Fußballtoto	11 61		Sportnachrichten	11 63
	Kinoprogramme	1 15 12		Straßenzustandsbericht (bei Bedarf)/ADAC-Verkehrsservice	11 69
	Kirchliche Nachrichten	11 57		Theater- und Konzertveranstaltungen	1 15 17
	Küchenrezepte	11 16 07		Verbraucher- und Einkauftips	1 16 06
	Lokalnachrichten für Blinde	11 55		Wettervorhersage	11 64
	Nachrichten vom Tage (Telefonnachrichtendienst)	11 65		Zeitansage	11 91

6

Wegweiser: Wo finde ich was...?

Untergeschoß	= U	**D**		**K**	
Erdgeschoß	= E	Damenschuhe	1	Kinderabteilung	1
1. Etage	= 1	**E**		Kosmetikabteilung	E
2. Etage	= 2	Elektrogeräte	U	Kundendienst	4
3. Etage	= 3	(Klein-Geräte)		**L**	
4. Etage	= 4	**F**		Lampen	4
5. Etage	= 5	Frisiersalon	6	Lebensmittel	U
6. Etage	= 6	Fernseher	5	Lederwaren	E
B		Fotoservice	U + 5	**M**	
Babyartikel	3	**G**		Mister Mint	U
Bettwaren	4	Gartenbedarf	5	Musikabteilung	3
Bücher	5	Geldautomat	U + E	**S**	
C		**H**		Spielwaren	5
Café-Bar-Capuccino	2	Herrenabteilung	1	Sportabteilung	3
Computer-Beratung	5			**T**	
Computer-Shop	5			Toiletten	4 + 6

A: Wo kann man Lebensmittel kaufen?

B: Im Untergeschoß.

im Untergeschoß
im Erdgeschoß
in der ersten/zweiten/dritten/vierten/
fünften/sechsten Etage

7 Hör zu. Frau Hermann arbeitet am Informationstisch im Kaufhof. Schreib die Details auf.

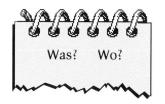

Was? Wo?

EXTRA! Sieh dir den Wegweiser an. Hat Frau Hermann alles richtig gesagt?

8 Was für Geschenke kaufst du? Mach eine Liste.

für meine Mutter	eine Handtasche
für meinen Großvater	einen Schal
für meine Schwester	Make-up
für meinen Bruder	ein Computerspiel
für meinen Freund	ein Kochbuch
für meine Freundin	eine Kassette
für meinen Hund	ein Kilo Wurst

9

A: Was suchst du?

B: Ich muß ein Geschenk für meine Schwester kaufen.

A: Was denn?

B: Vielleicht Make-up. Wo kaufe ich das?

A: In der Kosmetikabteilung im Erdgeschoß.

10

SONDERANGEBOT DER WOCHE

Gürteltasche
- schützt den Game-Boy und mehrere Spiele
Art.-Nr. 89 484

29.⁹⁵

Nur im Kaufhof Wallenstein kommt schnell zur Spielzeugabteilung

Stereo-Walker
- Schnell-Vor-/Rücklauf
- Auto-Stop • Anti-Rolling
- inkl. Tragriemen und Stereo-Kopfhörer
Art.-Nr. 58 438

24.⁹⁵

Echt stark!
6 Jahre + 7 Monate lang, täglich eine neue Optik!
Spalding Super-Sport-Uhr
- Quartz-Analog-Werk mit Leuchtzeiger
- Gehäuse, Armband, Tauchring, in 29 beliebig kombinierbaren Teilen
Art.-Nr. 76 ⁵⁰¹

49.⁹⁵

Uhrenradio
- mit Nachtlicht
- Radio- oder Summer-Alarm
- Weckwiederholung
- Einschlafautomatik
- Gangreserve
- UKW/MW-Empfang
Art.-Nr. 56 390

29.⁹⁵

Spannende LCD-Spiele
Nie mehr Langeweile, ob auf Reisen, in der Freizeit oder zu Hause.
- 2 Schwierigkeitsstufen
- abschaltbarer Sound
- eingebaute Uhr
„Ice-Skating"
„Car Racing"
„Boxing"
„Space Schuttle"

nur je 9.⁹⁵

Beantworte die Fragen.

a) Was kostet ein Stereo-Walker?
b) Wofür braucht man eine Gürteltasche?
c) Was hat täglich eine neue Optik?
d) Was kostet neunundzwanzig Mark fünfundneunzig?
e) Was hat zwei Schwierigkeitsstufen?

11 Hör diese vier Anmeldungen im Kaufhaus an.
Schreib so viele Details wie möglich ins Heft.

12 Lies das Sonderangebot der Woche.

> Sonderangebot der Woche im Kaufhof!
> Lederjacken nur sechzig Mark! Wir haben
> Lederjacken in vielen Farben – braun,
> schwarz, blau und grün. Besuchen Sie so
> schnell wie möglich unsere Damen- und
> Herrenabteilungen. Nur diese Woche!

Mach eine Telefonansage für das Kaufhaus.
Gib so viele Informationen wie möglich!
Nimm deine Telefonansage auf Kassette auf.

KULTURINFO

Wenn mal eine Nummer fehlt . . .

Ingo erhält als neuer Telefonbesitzer folgende Druckwerke
kostenlos von der Telekom:

- **Das Telefonbuch seines Bereichs**

  Ein Eintrag je Anschluß ist gebührenfrei; grafische
  Gestaltungen und zusätzliche Eintragungen kosten etwas.
  Jahr für Jahr erhält Ingo kostenlos ein Telefonbuch nach
  neuestem Stand. Telefonbücher anderer Bereiche kann er kaufen.

PRIMA! DU KANNST JETZT . . .

fragen: Wie buchstabiert man die
Straße? Welche Nummer?

sagen: Hier spricht . . . Es brennt in der
Thuillestraße.
T - H - U - I - L - L - E straße.

fragen: Wo kann man . . . kaufen?

sagen: Im Untergeschoß. Im
Erdgeschoß. In der ersten/
zweiten/dritten/vierten/fünften/
sechsten Etage.

fragen: Was suchst du?

sagen: Ich muß ein Geschenk für
meinen Großvater/meinen
Bruder/meinen Freund/meinen
Hund/ meine Mutter/meine
Schwester/meine Freundin
kaufen.

fragen: Was denn?

sagen: Vielleicht einen Schal/eine
Handtasche/eine Kassette/ein
Kilo Wurst/ein Kochbuch/ein
Computerspiel/Make-up.

fragen: Wo finde ich das?

sagen: In der Kosmetikabteilung in der
ersten Etage. In der
Damenabteilung/Sportabteilung/
Herrenabteilung/Musikabteilung.

PROJEKTSEITE

A Du hast hundert Mark gewonnen. Was kaufst du? Für wen?

  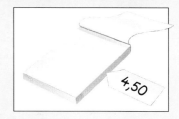

Ich kaufe einen Walkman für mich. Ich kaufe ein T-Shirt für meine Freundin, Rebecca. Ich kaufe Schokolade für meinen Großvater.

B Gibt es ein Kaufhaus in deiner Gegend? Zeichne einen Plan dafür.

C Erfinde dein ideales Kaufhaus. Bereite Informationen darüber vor!
einen Plan?
ein Poster?
eine Kleinanzeige?
eine Telefonansage?
eine Broschüre?

D Morgen eröffnet dein ideales Kaufhaus. Mach eine Radiowerbung dafür!

Nimm die Werbung auf Kassette auf.

E Macht eine Szene am Informationstisch.

Im Untergeschoß.

Kann ich Ihnen helfen?

Ich habe meine Tochter verloren!

Wo kaufe ich Handschuhe?

Mit Charakter spielen:
unhöflich, schlecht gelaunt, leise, laut, schnell, langsam, müde.

Wo sind die Toiletten?

Telephone tones and the telephone alphabet

It is sometimes difficult to distinguish letters spelled on the telephone!

There is a special alphabet in German to avoid these problems!

Anton	**F**riedrich	**K**aufmann	**O**tto	**S**iegfried	**W**ilhelm
Berta	**G**ustav	**L**udwig	**P**aula	**T**heodor	**X**antheppe
Caesar	**H**einrich	**M**artha	**Q**uelle	**U**lrich	**Y**ypsilon
Dora	**I**da	**N**ordpol	**R**ichard	**V**iktor	**Z**eppelin
Emil	**J**ulius				

Listen to these five people spelling their names using the
telephone alphabet. Can you write down their names correctly?

Practise spelling your name using this alphabet!

> **Tip!** | *Zwei* and *drei* can sound very similar on the telephone.
> You will often hear *zwo* (instead of *zwei*) for this
> reason.

Töne im Inlandsverkehr	Bedeutung
t ü ü ü ü ü ü ü	**Wählton:** Bitte wählen.
tüüt tüüt	**Freiton:** Der erreichte Anschluß ist frei und wird gerufen.
tüt tüt tüt tüt tüt tüt	**Besetztton:** Der erreichte Anschluß oder die Leitungswege sind besetzt.

Listen to the telephone tones in Germany.
Are the dialling tone, the ringing tone and
the engaged tone the same as in Britain?

LERNZIELE

You will learn . . .
- how to describe the rooms in a house or flat
- how to make enquiries about renting accommodation
- how to talk about where you live.

Obdachlos!

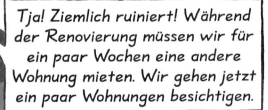

1 Beantworte die folgenden Fragen.

1. Was bekommt Peter von Anke?
2. Wie lange dauert die Wohnungsrenovierung?
3. Wie sieht der erste Wohnblock aus?
4. Warum können Peter und seine Mutter die zweite Wohnung nicht mieten?
5. Wie fahren sie nach Hause?

a) Altmodisch und schmutzig.
b) Die Miete ist zu teuer.
c) Ein Buch.
d) Mit dem Bus.
e) Ein paar Wochen.

2 Richtig oder falsch?

a) Peter hat keinen Gips mehr.
b) Die Küche in der ersten Wohnung ist groß und praktisch.
c) In der zweiten Wohnung gibt es ein Wohnzimmer und ein Eßzimmer.
d) Nächste Woche fahren Peter und seine Mutter zurück nach Dresden.
e) Peter und seine Mutter übernachten bei Herrn Jäger.

 Schreib die falschen Sätze richtig auf.

 3 Peters Mutter beschreibt die Wohnung von Herrn Jäger. Hör zu und schreib Details ins Heft auf. Kannst du einen Plan von der Wohnung zeichnen?

 4 Zeichne schnell einen Plan von einer Wohnung ins Heft.

A: Beschreib die Wohnung.
B: Zeichne die Wohnung.

B Wie ist die Wohnung?

A Man geht durch die Tür in den Flur. Auf der rechten Seite ist die Küche und dann kommt das Wohnzimmer auf der linken Seite. Das Schlafzimmer ist am Ende.

 Kannst du deine Wohnung oder dein Haus beschreiben?

5

Wohnungsmarkt – Vermietungen	Wohnungsmarkt – Mietgesuche
Zooviertel, ca. 115 m², 4-Zim.-Whg, ohne Balkon, dafür Bundesbahnnähe, zum 1.11. frei, 1250,– + NK/MS. ⊠ E 103 332	**1500,-Belohnung!** Su. dring. 1- bis 2-Zi.-Whg. bis ca. 500,-. ☎ 70 88 58
Nähe Vahrenwalder Platz, kompl. möbl. 4-Zi-Whg., ca. 120 m²· ab 1. 10. f. 6 Mon. zu verm., Miete 1600,– inkl. aller NK, auch an WG. ☎ 02 01 38	**Architekt** sucht für seine Tochter (Studentin Bauingenieurwesen) kleine 1-Zim.-Whg. im Nordwesten Hann., gern auch außerh., zu sofort. ⊠ D 103 045
List , 4-Zi.-Luxus-Whg./Altbau, 2 Balkone, neues Badezi., neues Gä.-WC, neue Etagenheizg., neue Isofenster, neue Teppichb., kompl. renoviert, ca. 140 m² Keller, 2100,– + NK, 3 MM MS, zum 1. 10. ☎73 36 55	Zahnarzt su. f. seine Auszubildende aus der ehem. DDR 1-Zi.-Whg. in Hann. ☎ 43 50 77 ab Mo.
Möbl. Zimmer, sep. WC/Du., Kü.-u. Terr-Benutzg., an tierliebende Studentin, gelegentl]. Hilfe im Garten erwünscht, 12 km ins Zentr., 400,- WM. ⊠ D 103 467	**Direktor** einer Bank su. f. sich u. seine Fam. (Ehefr., 2jähr. Sohn), schöne, ruh. 4-Zi.- Whg. mögl. m. Blk. od. Garten, ☎ (0 69) 72 70 76 (Rückruf)

Beantworte die folgenden Fragen.

1. Finde die Abkürzung für:
   - a) ein-Zimmer-Wohnung
   - b) sucht
   - c) möbliert
   - d) und
   - e) Balkon
   - f) für
   - g) ruhige
2. Wie viele Kinder hat der Direktor?
3. Welche Wohnung ist neu renoviert?
4. Welche Wohnung ist ab ersten November frei?
5. Woher kommt die Auszubildende beim Zahnarzt?
6. Wo soll die Studentin im Garten helfen?

6 Drei Leute rufen an, um Mietwohnungen zu diskutieren. Hör zu. Schreib die Details ins Heft.

Wie viele Zimmer?　Miete?　Möbliert?　Heizung?　Frei ab?　Sonstiges?　Adresse?

7 A möchte eine Wohnung mieten.
B hat eine Wohnung zu vermieten.

1.

ab 15.1. 4-Zi.-Whg. Landeckstr.42 DM 650 inkl. Hzg. 2 St. Balkon. groß. Wohnz.

2.

ab 1.2. 2-Zi.-Whg. Lokstedterweg 40. möbl. mod. Kü. u. Badez. DM 450 inkl. Hzg. 1 St.

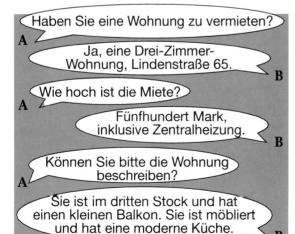

A: Haben Sie eine Wohnung zu vermieten?
B: Ja, eine Drei-Zimmer-Wohnung, Lindenstraße 65.
A: Wie hoch ist die Miete?
B: Fünfhundert Mark, inklusive Zentralheizung.
A: Können Sie bitte die Wohnung beschreiben?
B: Sie ist im dritten Stock und hat einen kleinen Balkon. Sie ist möbliert und hat eine moderne Küche.

A: Wann ist die Wohnung frei?
B: Ab ersten Januar.
A: Kann ich die Wohnung bitte besichtigen?
B: Wie wäre es mit heute abend um zwanzig Uhr dreißig?
A: Ja, das geht. Bis später. Auf Wiederhören.
B: Auf Wiederhören.

 Schreib deinen Dialog auf.

8 Hör dieses Telefongespräch an. Schreib Details über das Ferienhaus auf und dann schreib/zeichne eine Kleinanzeige dafür!

9 Diese jungen Leute beschreiben ihre Wohnorte. Positiv oder negativ? Schreib zwei Listen.

a) Die Gegend ist nicht besonders schön. Es gibt einen Park gegenüber vom Wohnblock, aber der Park ist sehr schmutzig, und es gibt keinen Kinderspielplatz.

b) Ich habe mein eigenes Schlafzimmer im zweiten Stock. Es ist groß und bequem. Ich habe alles, was ich brauche – einen Kassettenrecorder, einen Fernseher, einen Schreibtisch . . .

c) Unsere Wohnung ist klein, aber ich finde sie schön. Die Küche ist sehr klein, aber modern. Es gibt keinen Balkon, aber es gibt einen Garten hinter dem Wohnblock. Ich muß ein Zimmer mit meiner Schwester teilen, aber wir verstehen uns meistens gut!

d) Hier gibt es nichts für junge Leute – keinen Jugendklub, kein Kino, kein Sportzentrum, keine Cafés, keinen Park! Die Gegend ist todlangweilig!

e) Seit zwei Wochen haben wir ein neues Haus. Es ist kleiner, aber etwas moderner als unsere alte Wohnung. Jetzt muß ich ein Schlafzimmer mit meinem Bruder teilen, und das finde ich unfair. Den Garten finde ich auch zu klein.

f) Alles ist sehr praktisch hier – die Schule, das Sportzentrum und der Jugendklub sind in der Nähe.

 Wie findest du dein Haus oder deine Wohnung? Und wie gefällt dir die Gegend? Schreib einen Text darüber.

10 Mach ein Interview über dein Haus oder deine Wohnung.

Wo liegt dein Haus?

Was gibt es in der Gegend?

Wie viele Zimmer hat es?

Wie findest du das Haus/die Wohnung?

Wie findest du deine Stadt?

Ist es gut für junge Leute?

Kannst du das Haus/die Wohnung beschreiben?

Es gibt einen Park/einen Garten/ eine Schule/ein Sportzentrum.

Das Haus ist klein/modern/alt.

Die Wohnung ist schmutzig/praktisch/groß.

Wenn möglich, nimm das Interview auf Kassette auf.

Liebe Claudia

Unsere Wohnung ist zu klein!
Ich bin 15 Jahre alt und bin seit sechs Monaten in einen tollen Jungen verliebt. Wir verstehen uns gut und wollen manchmal alleine sein. Aber es gibt ein großes Problem – unsere Wohnung ist sehr klein und ich muß ein Zimmer mit meiner kleinen Schwester teilen. Wenn mein Freund mich besucht, will meine Schwester immer im Zimmer spielen oder lesen. Das geht mir jetzt ein bißchen auf die Nerven. Was soll ich machen? Meine Schwester ist nur sechs Jahre alt und versteht unsere Liebe nicht.
Karin

Mir gefällt es in der neuen Stadt nicht!
Vor zwei Jahren bin ich nach München gekommen, aber es gefällt mir wirklich nicht! Früher habe ich in einem Dorf in der Nähe von Leipzig gewohnt, und dort hatte ich viele Freunde. Meine neue Schule ist viel größer, und unsere Wohnung ist im dritten Stock in einem häßlichen Wohnblock aus Beton. Die Straßen sind schmutzig, und es gibt keine frische Luft. Meine Eltern finden es auch nicht schön hier und streiten die ganze Zeit. Was soll ich machen?
Sascha

11 Ergänze diese Sätze.

a) Karin hat eine **?** Schwester.
b) Karin hat kein **?** Schlafzimmer.
c) Saschas alte Schule war **?**
d) Saschas Wohnblock ist nicht **?**
e) München **?** Saschas Eltern auch nicht.

jüngere

eigenes

kleiner

schön

gefällt

PRIMA! DU KANNST JETZT ...

fragen: Wie ist die Wohnung?
sagen: Man geht durch die Tür in den Flur. Auf der rechten Seite ist die Eßecke/die Küche. Auf der linken Seite ist das Schlafzimmer/das Badezimmer mit Dusche/das Wohnzimmer/das Büro.
fragen: Haben Sie eine Wohnung zu vermieten? Wie hoch ist die Miete? Können Sie bitte die Wohnung beschreiben? Wann ist die Wohnung frei? Kann ich die Wohnung bitte besichtigen?
sagen: Eine Drei-Zimmer-Wohnung. Eine Vier-Zimmer-Wohnung. Fünfhundert Mark, inklusive Zentralheizung. Sie ist im dritten Stock. Sie hat einen Balkon. Sie ist möbliert. Sie hat eine moderne Küche. Ab ersten Januar. Wie wäre es mit heute abend um zwanzig Uhr dreißig?
fragen: Wo liegt dein Haus? Was gibt es in der Gegend? Wie viele Zimmer hat es? Wie findest du das Haus/die Wohnung/deine Stadt? Ist es/sie gut für junge Leute?
sagen: Das Haus ist klein/modern/alt. Die Wohnung ist schmutzig/ praktisch/groß. Es gibt einen Garten/einen Park/eine Schule/ein Sportzentrum.

PROJEKTSEITE

A Zeichne einen Plan von deinem Traumhaus.

B Wo liegt das Haus? Was gibt es in der Gegend?
Schreib eine Liste.

C Du möchtest dein Traumhaus als Ferienhaus vermieten. Schreib/zeichne (auf dem Computer, wenn möglich!) die Kleinanzeige für eine Zeitschrift.

Sommerurlaub im Schwarzwald

Ferienhaus in ruhiger Südlage am Wald.
Neu möbliert mit Balkon und Garten.
Hausprospekt kostenlos.

D Macht ein Telefongespräch.

A: vermietet das Traumhaus.
B: möchte ein Ferienhaus mieten.

E Du wohnst jetzt in deinem Traumhaus. Schreib einen Brief und beschreib das Haus. Gib so viele Details wie möglich!

Rostock, den 6. Mai

Liebe Tanya!

Seit Ostern war es sehr hektisch hier, aber jetzt haben wir unser neues Haus. Es ist ein Traumhaus!

Es liegt in der Stadtmitte – nur fünf Gehminuten zum Jugendklub und drei Gehminuten zum Sportzentrum. Das finde ich praktisch! Der Garten ist klein, aber schön. Wir haben ein Wohnzimmer mit Eßecke, einer Küche und einem Badezimmer, einem Büro (für meine Mutter) und drei Schlafzimmern.

Mein Zimmer ist toll mit Fotos von meinen Lieblingstieren an der Wand. Ich habe eine Stereoanlage und einen Computer im Zimmer. Spitze!

Und wie geht es Dir? Besuchst Du mich bald?

Schreib bald wieder!

Dein Christian

Infoseite

Idioms

Some English expressions must sound very odd to a foreigner!

Similarly, it isn't always possible to translate things word for word from German into English. You can end up with some very strange sounding English if you do!

Match the German idioms below to their English equivalent.

1. *Ich trete immer jemandem auf den Schlips.*

2. *Das ist Jacke wie Hose.*

3. *Du mußt in den sauren Apfel beißen!*

4. *Du spinnst wohl!*

5. *Das war Glück im Unglück.*

a) It's six of one and half a dozen of the other.
b) You must be joking!
c) I'm always treading on someone's toes.
d) You must grin and bear it!
e) That was a blessing in disguise.

What is the English equivalent of the following idioms?

1 *Du machst aus einer Mücke einen Elefanten!*

2 *Du bist wie ein Elefant im Porzellanladen!*

3 *Er hat zwei linke Hände.*

Weniger Müll, bitte!

Aus dem Badezimmer kommen Flaschen, Gläser, Tuben, alte Medikamente, Kosmetik und Seifenwasser.

Aus der Küche kommen Papier und Pappe. (zum Beispiel: Eierpappen und Waschmittelkartons), Stoffe, Metalle (zum Beispiel: Dosen und Getränkedosen), Glas (zum Beispiel: Flaschen und Gläser), Plastik, tierische und pflanzliche Abfälle (Speisereste).

Aus dem Schlafzimmer kommen Papiere und Stoffe.

Haushaltsmüll

In einem typischen Haushalt entstehen die folgenden festen Abfälle:

Papier und Pappe	26%
Feinmüll	16%
Metalle	3%
Glas	9%
Lebensmittelabfälle und Speisereste	30%
Kunststoffe	5%
Holz, Gummi, Leder, Textilien	5%
Sonstiges	6%

Aus der Garage kommen Autobatterien, Reifen, Altöl, Metall und Putzlappen.

Aus dem Garten kommen Pestizide, Düngemittel, alte Werkzeuge und alte Blumentöpfe.

Aus dem Wohnzimmer kommen Papiere (Briefe und Zeitungen).

Eine normale Mülltonne eines Durchschnittshaushalts ergibt 500 Kilogramm Abfall im Jahr. Drei Viertel davon könnten recycelt werden. Wir müssen bereit sein, die verschiedenen Abfälle zu sortieren.

der Müll	*rubbish*
die Pappe	*cardboard*
der Stoff	*material*
die Speisereste	*food left-overs*
das Seifenwasser	*soapy water*
der Reifen	*tyre*
der Putzlappen	*cleaning cloth*
das Düngemittel	*fertilizer*
das Werkzeug	*tool*
der Blumentopf	*flower pot*
die Mülltonne	*dustbin*
das Durchschnittshaushalt	*average household*

In den letzten 100 Jahren hat sich die Weltbevölkerung verdoppelt.
Das heißt mehr Müll! Aus Industrie und Haushalt produzieren wir pro Jahr ungefähr 10 Milliarden Tonnen Müll.

Woher kommt so viel Müll?

Im Durchschnitt produziert eine Person in den USA 3 Kilogramm Abfall pro Tag! In Deutschland sind es 1,5 Kilogramm pro Person pro Tag. In Indonesien sind es 380 Gramm.

Die Abfälle aus den Haushalten haben sich in den letzten 50 Jahren stark verändert. Heutzutage gibt es viel mehr Kunststoffe, zum Beispiel: Plastiktüten, Verpackungen aus Plastik und Lebensmittelcontainer aus Plastik.

Warnung! Kunststoffe sind oft giftig, wenn sie verbrannt werden.

die Weltbevölkerung	*world population*
verdoppelt	*doubled*
sich stark verändern	*to change enormously*
heutzutage	*nowadays*
der Kunststoff	*synthetic material/plastic*
giftig	*poisonous*
verbrannt werden	*to be burned*
20mal weniger	*20 times less*
die Pfandflasche	*returnable bottles (deposit payable)*
wiederverwendet	*re-used*
entsorgen	*to dispose of*
bleifrei	*lead-free*
die Behörde	*council*
verlangen	*to demand*
verantwortlich	*responsible*

Theoretisch kann Papier total recycelt werden. Trotzdem wird nur die Hälfte des Weltpapierverbrauchs recycelt.

Das Recyceln einer Dose Cola braucht 20mal weniger Energie als die erste Produktion der Dose.

Pfandflaschen sind umweltfreundlich. Sie können ungefähr 50mal wiederverwendet sein.

Umweltschutz!
Was sollen wir machen?

1. Wir sollen Recycling-Papier benutzen.

2. Wir sollen alte Zeitungen zum Papiercontainer bringen.

3. Wir sollen weniger Plastiktüten benutzen.

4. Wir sollen kein Haarspray und kein Deospray mit Treibmittel benutzen.

5. Wir sollen Pfandflaschen benutzen.

6. Wir sollen Glas und Aluminium zum Recyclingcontainer bringen.

7. Wir sollen Wasser sparen. Duschen ist umweltfreundlicher als Baden.

8. Wir sollen Batterien, Kühlschränke, Autos, Waschmaschinen usw . . . richtig entsorgen.

9. Wir sollen zu Fuß gehen oder mit dem Rad fahren. Wenn mit dem Auto . . . bleifrei und mit Katalysator!

10. Wir sollen der Behörde schreiben, um mehr Recyclingcontainer zu verlangen.

Wir sind alle verantwortlich!

LERNZIELE

You will learn . . .
- how to say where you are putting things
- how to say where things are
- how to report what you have lost.

 Peters Zimmer

Mir geht's nicht gut. Ich bin irgendwie traurig.

Warum denn? Dieses Zimmer ist schön!

Ja, ich weiß. Aber es ist so leer . . . keine Bücher, kein Kassettenrecorder, kein Fernseher, nichts!

Schade, daß so viel im Feuer verbrannt ist!

Aber bald fahren wir zurück nach Dresden. Da hast du dein eigenes Zimmer wieder!

Ja . . . nur noch sieben Wochen . . .

Hallo, Peter! Hallo, Frau Schröder! Ich habe einige Sachen für dein neues Zimmer mitgebracht, Peter.

Toll!

Das ist nett von dir, Anke.

Danke!

Hier ist ein Kassettenrecorder von meinem Bruder – ein bißchen altmodisch, aber er funktioniert ganz gut.

Und hier sind Kassetten von Rolf. Hoffentlich hörst du gern Soulmusik!

Ja, es geht. Wohin stelle ich den Kassettenrecorder?

Auf den Schreibtisch? Dann kannst du Hausaufgaben machen und nebenbei Musik hören!

Gute Idee!

Und von Andreas hast du einige Bücher, Computer-Zeitschriften und viele Comics.

Spitze! Die lege ich ins Regal, neben mein Lieblingsbuch!

Mein Leben als Torwart

Eleni hat ein Kartenspiel, ein Schachspiel und viele Poster geschickt.

Die Spiele lege ich auf die Kommode. Wohin hängen wir die Poster?

An die Wand neben dem Bett!

Jetzt wird mein Zimmer gemütlicher!

Wie findest du es, bei einem Lehrer zu wohnen?

Ach, das geht. Die Wohnung ist etwas klein, aber Herr Jäger ist echt nett. Wir fahren sowieso bald nach Dresden zurück.

Das stimmt . . .

Hallo!

Dein Zimmer sieht jetzt toll aus, Peter!

Wollen wir Karten spielen?

Ja, das Kartenspiel ist liegt auf der Kommode.

Hier ist Post für dich!

Was hast du da?

Diesen alten Fernseher habe ich auf dem Flohmarkt gefunden. Ich habe ihn für Peter gekauft.

Er wird sich darüber freuen.

Was soll ich jetzt machen?

Was ist das? Ein Brief von der Firma aus Dresden?

Sie haben mir eine Stelle in der neuen Abteilung der Firma angeboten . . . in München!

1 **Wer hat Peter was gegeben?**
Schreib Sätze ins Heft.

Ankes Bruder hat Peter einen
Kassettenrecorder gegeben.

2 **Richtig oder falsch?**

a) Peter hat seine Sachen im Feuer
   verloren.
b) Der Kassettenrecorder ist modern.
c) Peter stellt den Kassettenrecorder auf
   die Kommode.
d) Anke und Peter hängen die Poster an
   die Wand neben dem Schreibtisch.

e) Peter und seine Mutter fahren bald
   nach Dresden zurück.
f) Herr Jäger hat einen alten Computer
   für Peter gekauft.
g) Peters Mutter bekommt einen Brief
   von ihrer Schwester.

EXTRA! Schreib die falschen Sätze richtig auf.

3 **Katrin zieht in ein neues Zimmer ein.**
Hör zu. Wohin kommen ihre Sachen?

a) auf 6

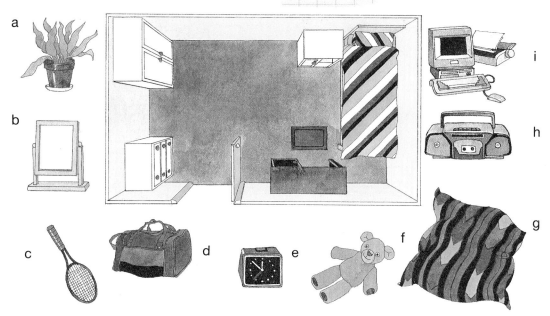

4 **Trag den Plan in Übung 3 ins Heft ein.**
Füll den Plan aus.

Wohin stelle ich
den Computer/Tennisschläger/Teddybär/
Wecker/Kassettenrecorder/Spiegel
die Pflanze/Sporttasche
das Kissen?

A Wohin stelle ich den
Kassettenrecorder?

Auf den Nachttisch. B

EXTRA! Kannst du das Zimmer
beschreiben?

Der Teddybär ist auf dem Stuhl.

an unter auf neben hinter in	den Nachttisch den Schreibtisch den Stuhl den Schrank die Schublade die Kommode das Bett das (Kopf)Kissen

Hamburg, den 12. März

Lieber Dirk,
vielen Dank für Deinen letzten Brief und die Fotos von Deinem neuen Haus.
Ich freue mich auf Deinen Besuch – in nur drei Wochen bist Du bei mir in Hamburg!
Unsere Wohnung ist nicht besonders groß, und wir werden ein Zimmer teilen müssen.
Hoffentlich ist das kein Problem! Ich habe noch keine Fotos von meinem neuen Zimmer aber ich beschreibe es Dir jetzt kurz – ich habe ein Etagenbett. – Du kannst oben oder unten schlafen. Überall an den Wänden habe ich viele Poster von Popgruppen, Tieren, Autos usw. Ich habe einen großen altmodischen Schreibtisch – ich finde ihn zwar häßlich, aber es sind immer so viele Sachen darauf, daß man ihn kaum sehen kann. Wie Du schon weißt, treibe ich gern Sport und ich habe immer überall Sportsachen. Im Moment mache ich einen Tenniskurs, und ich übe jeden Tag Rollschuhlaufen. Es gibt eine neue Rollschuhdisco in der Stadt, und letzte Woche bin ich sehr oft hingefallen!
Schreib mir bald wieder!
Bis bald!
Dein
Richard

5 Beantworte die folgenden Fragen.

a) Wann kommt Dirk in Hamburg an?
b) Wo wird Dirk in Hamburg schlafen?
c) Was für Poster hat Richard an der Wand in seinem Schlafzimmer?
d) Wie findet Richard den Schreibtisch?
e) Was ist immer auf dem Schreibtisch?
f) Welchen Sportarten treibt Richard im Moment?

 Kannst du dein Schlafzimmer beschreiben?

6 Hör zu. Drei Leute haben Sachen verloren. Schreib die Details auf.

Was?   Beschreibung?   Wann?   Wo?

7

A Kann ich dir helfen?

B Ja, ich habe meine Regenjacke verloren.

A Wie sieht sie aus?

B Sie ist schwarz und bunt gepunktet.

A Wo hast du die Regenjacke verloren?

B Am Bahnhof.

A Wann hast du sie verloren?

B Gestern nachmittag.

der Pullover (er)   meinen/den/ihn
die Regenjacke (sie)   meine/die/sie
das T–Shirt (es)   mein/das/es
die Sportschuhe (sie)   meine/die/sie

TELEFAX   Kurfürstenstr. 5
An: Hotel zur Alpenrose   45138 Essen
z.H.: Herr Barmel
Von: Benny Kohl
Seitenzahl: 1

12.05.93

Sehr geehrter Herr Barmel,
letzte Woche habe ich drei Tage in Ihrem schönen Hotel
verbracht. Als ich nach Hause kam, konnte ich meinen
Bademantel nicht finden. Vielleicht habe ich ihn in meinem
Zimmer vergessen. Ich war in Zimmer 13 im ersten Stock und
ich habe den Bademantel an die Tür gehängt. Der Bademantel ist
aus Baumwolle und blau-grün-rot-weiß-kariert. Haben Sie ihn
zufällig gefunden?

Falls Sie ihn gefunden haben, können Sie ihn mir bitte schicken.

Ich danke Ihnen im voraus für Ihre Mühe.

Mit freundlichen Grüßen
Benny Kohl

8 Schreib ein ähnliches Fax. Was hast du verloren? Wo?
Wann? Wie sieht es aus?

9 Hör zu. Gestern war ein Katastrophentag für Gabi. Was ist
passiert? Schreib so viele Details wie möglich ins Heft.

8.00 Wecker nicht gehört

 Schreib Gabis Katastrophentag auf.

Um 8.00 Uhr hat Gabi den
Wecker nicht gehört.

10 Gestern hast du fünf Sachen verloren!
Schreib die Details auf.

1. Handtasche – braun, klein, alt.
   In der Stadt.
2. Regenschirm – groß, schwarz.
   In der Stadt.
3. Deutschheft – grün. Zu Hause.
4. Jogginganzug – grün und weiß
   gestreift. Im Sportzentrum.
5. Schwester! 7 Jahre alt, blonde
   Haare, blaue Augen. Im Park.

 Nimm deinen Katastrophentag auf
Kassette auf.

A: Was war die erste Katastrophe?

B: Ich habe meine Handtasche
in der Stadt verloren. Sie ist
braun, klein und alt.

A: Und die zweite Katastrophe?

B: Ich habe meinen Regenschirm in
der Stadt verloren. Er ist groß und
schwarz. Dann hat es geregnet!

11 Über dreitausend Mark in der Spielhalle verloren!

Martin Kopfthal (13 Jahre alt) hat über dreitausend Mark in der Spielhalle in seiner Stadt verloren. Mit zwölf Jahren ist er zum ersten Mal in die Spielhalle gegangen und er wurde sofort süchtig nach Video- und Computerspielen. Martin sagt: „Am Anfang habe ich nur mein Taschengeld gebraucht, aber langsam wollte ich immer mehr spielen, und ich habe Geld gestohlen – von meinen Eltern, von meinen Freunden... Es wurde zu einer Krankheit." Martin ist zweimal am Tag in die Spielhalle gegangen – vor und nach der Schule. Endlich hat der Direktor der Spielhalle Martins Eltern angerufen. Sie waren beide erstaunt, daß Martin so viel Geld ausgegeben hatte! Martin bekommt jetzt kein Taschengeld mehr und darf nur zu Hause Computerspiele spielen.

Bereite acht „richtig oder falsch" Sätze vor.
A: Lies einen Satz vor.
B: Sag „richtig" oder „falsch"!

Ich habe zwanzig Kilo abgenommen!

Mit sechzehn Jahren war Birgit Emmendorf sehr dick – ungefähr neunzig Kilo. Dann hat sie mit einer Ernährungsexpertin gesprochen, und ein Jahr später hatte sie zwanzig Kilo abgenommen! Was hat sie gemacht? Sie hat gesund gegessen und ist jeden Tag spazieren gegangen. Zu Weihnachten hat sie ein Rad bekommen, und dann hat sie auch täglich eine Radtour gemacht! Unsere Reporterin hat mit Birgit gesprochen:

„Das Schlimmste für mich" sagte Birgit, „war ohne Schokolade zu leben! Am liebsten habe ich vorher Kuchen, Süßigkeiten, Kekse, und so weiter gegessen. Aber jetzt esse ich nur Gemüse, Obst und  gegrilltes Fisch. Am Anfang war es furchtbar, aber jetzt fühle ich mich besser! Früher war ich deprimiert und einsam, aber jetzt habe ich viele Freunde. Das Leben macht mir Spaß!"

PRIMA! DU KANNST JETZT . . .

fragen:	Wohin stelle ich den Kassettenrecorder/den Spiegel/den Computer/den Wecker/den Tennisschläger/die Pflanze/die Sporttasche/das Buch/das Kissen/die Bücher/die Comics?
sagen:	auf/unter/an/neben/hinter/in den Schreibtisch/Nachttisch/Stuhl/Schrank/die Kommode/Schublade/das Bett/Kopfkissen
fragen:	Kann ich dir helfen?
sagen:	Ich habe meinen Pullover/meine Schulmappe/meine Taschenlampe/meine Sportschuhe/mein T-Shirt verloren.

fragen:	Wo hast du ihn/sie/es/sie verloren?
sagen:	Am Bahnhof. Auf Gleis 12. Im Zug. In der Stadt.
fragen:	Wann hast du ihn/sie/es/sie verloren?
sagen:	Gestern nachmittag. Gestern vormittag. Am Montag.
fragen:	Wie sieht er/sie/es/sie aus?
sagen:	Er/Sie/Es ist grün und weiß und sehr alt.
fragen:	Was war die erste Katastrophe?
sagen:	Ich habe meine Handtasche in der Stadt verloren.

PROJEKTSEITE

A Wer hat was verloren? Was glaubst du?
Schreib Sätze ins Heft.

der Tennisstar

das Kind

die Journalistin

der Taxifahrer

die Deutschlehrerin

der Kellner

das Auto

das Spielzeug

den Tennisschläger

die Speisekarte

die Zeitung

das Wörterbuch

Der Tennisstar hat den Tennisschläger verloren.

Kannst du andere Sätze schreiben?

C Kannst du eine Verlustmeldung machen?

B Gruppenspiel

Du würfelst

Du zeichnest

Ich habe meine kleine Katze verloren. Sie heißt Mitzi und ist zwei Jahre alt. Sie wohnt in der Fridolinstr. 22. Haben Sie sie gesehen? Sie ist schwarz und weiß.

Du würfelst und sagst:

A Ich habe meine Sporttasche verloren.

B Wie sieht sie aus?

A Sie ist grün und weiß.

Wenn du als erstes alle Sachen verloren hast, hast du gewonnen!

D Macht eine Szene im Fundbüro. Wer hat was verloren und wo?
Wenn möglich, nehmt die Szene auf Kassette oder Video auf.

Writing letters

There are some important things to remember when writing letters in German. You should write your name and address on the envelope, either on the back or on the front in the bottom left-hand corner.

This is why you only have to write your town and the date at the start of your letter.

In this unit there were two letters to read. There was a letter from Richard to his friend (an informal letter) and a fax from Benny Kohl to a hotel (a formal letter). Did you notice any differences between these letters, especially their beginnings and endings ?

Can you put the phrases below into the two columns?

Informal letters	Formal letters

Sehr geehrter Herr Zimmermann

Viele Grüße, Dein Richard

Schreib bald wieder

Mit freundlichen Grüßen, Benny Kohl

Sehr geehrte Frau Siemens

Liebe Susanne

Viele Küße, Deine Anneliese

Ich hoffe, bald von Ihnen zu hören

Lieber Dirk

Wiederholung

 ## Abschiedspläne

Wollen wir Karten spielen?

Wollen wir Musik hören?

Vielleicht können wir fernsehen?

Nein, ich habe keine Lust!

Nein, danke. In den letzten Wochen habe ich nur Soulmusik gehört!

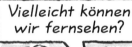

Da gibt's nichts Besonderes!

Ich hab's! In drei Wochen fährt Peter zurück nach Dresden. Wir sollten eine Party machen.

Gute Idee!

Toll!

Aber wo?

Bei uns sicher nicht!

Was für eine Party?

Eine Abschiedsparty natürlich!

Tja! Ich weiß nicht ... Vielleicht mit Musik, Getränken und Tanzen?

Vielleicht im Jugendhaus?

Wie feiert man eine Abschiedsparty?

Gerhard! Ich muß mit dir sprechen!

Was ist los?

Ich habe die Möglichkeit, eine Stelle in München anzunehmen. Ich weiß nicht, was ich machen soll!

1 Kannst du die richtigen Antworten finden?

a) Warum will Peters Mutter mit Herrn Jäger sprechen?
b) Warum sehen die jungen Leute nicht fern?
c) Warum plant die Gruppe eine Abschiedsparty?
d) Warum können sie die Party nicht bei Peter feiern?
e) Was ist die Überraschung am Ende?

1. Weil Peter in drei Wochen von München wegfährt.
2. Peter und seine Mutter fahren nicht nach Dresden zurück.
3. Weil sie die Zukunft mit ihm diskutieren will.
4. Weil seine Wohnung abgebrannt ist!
5. Weil es keine interessanten Sendungen gibt.

2 Ergänze die folgenden Sätze.

a) Anke ist **?**, weil Peter wegfährt.
b) Sie können die Abschiedsparty im Jugendhaus **?**
c) Peters Mutter und Herr Jäger haben eine **?** für Peter.
d) Rolf hat keine **?**, Karten zu spielen.
e) Am Ende sind die jungen Leute **?**

glücklich   Lust   feiern   traurig   Überraschung

3 A: Schlag eine Aktivität vor.
   B: Antworte immer negativ!

A: Spielen wir Tennis?
B: Nein, ich finde Tennis langweilig.
A: Gehen wir ins Kino?
B: Nein, der Film ist schrecklich.

KULTURINFO

4 Kannst du die ganze Geschichte von Peter zusammenfassen – in genau fünfzig Wörtern?

Schreib deine Zusammenfassung ins Heft oder nimm sie auf Kassette auf.

MÜNCHEN FREUT SICH AUF IHREN BESUCH.

MVV-EINKAUFS-FAHREN.

EINSTEIGEN ZUR INNENSTADT.

Und das war die Geschichte von Peter, seiner
Mutter, seinen Freunden und seinem Lehrer!
Eine richtige Seifenoper, nicht wahr?

**Wieviel Phantasie hast du?
Hast du Talent, eine Seifenoper
zu schreiben?**

1. Wo spielt deine Seifenoper?
   a) in einem Wohnblock in der Stadtmitte
   b) in einer bestimmten Straße
   c) auf dem Lande

2. Wer ist der Star deiner Seifenoper?
   a) eine Familienmutter
   b) ein Teenager mit Problemen
   c) eine Frau mit viel Geld

**3. Eine deiner Charaktere, Maria Mist,
ist sehr populär. Aber die Schauspielerin
will mehr Geld für ihre Rolle haben.
Die Produzentin sagt nein. Was machst du?**
   a) Maria findet einen neuen Job. Ihre Rolle fällt weg.
   b) Maria muß für ein paar Wochen ins Krankenhaus.
      Vielleicht kann die Produzentin inzwischen mehr Geld
      für die Schauspielerin auftreiben.
   c) Maria überlebt einen schweren Unfall nicht.

**4. Nach einigen Monaten ist deine Seifenoper
nicht mehr so populär. Der Programmdirektor
sagt: „Wir brauchen etwas Besonderes!" Was
passiert in der nächsten Sendung?**
   a) Ein Mord
   b) Eine Hochzeit
   c) Es gibt eine neue Person in der Geschichte.

1. a) 2 Punkte	b) 2 Punkte	c) 0 Punkte
2. a) 1 Punkt	b) 2 Punkte	c) 0 Punkte
3. a) 0 Punkte	b) 1 Punkt	c) 2 Punkte
4. a) 1 Punkt	b) 0 Punkte	c) 2 Punkte

0–3 Punkte: Du hast nicht genug Phantasie, um eine Seifenoper zu schreiben.

4–6 Punkte: Deine Ideen sind nicht schlecht aber vielleicht noch nicht
einfallsreich genug für eine Familienserie.

7–8 Punkte: Du verstehst, was eine Seifenoper ist! Du hast wirklich Talent! Du
solltest eine Seifenoper erfinden und aufschreiben!

GRAMMAR

Glossary of terms

verb	a 'doing' word **Anke und Peter gehen zum Olympiapark.**
noun	a person, place or thing **Anke und Peter freuen sich auf die Reise nach Österreich.**
pronoun	a short word used instead of a noun **Sie tanzen gern.**
adjective	describes a noun **„Englisch ist toll!" sagt Peter.**
preposition	describes where something is, or will be **Peter und Anke gehen aus dem Haus. Die Freunde wollen auf die Party gehen.**

subject	person or thing that is doing something **Die Freunde gehen sehr gern auf die Party.**
direct object	person or thing having something done to it **Peter und Anke sehen Peters Mutter und Herrn Jäger.**
nominative case	used for the subject of a sentence **Der Junge kauft einen Schal für seine Mutter.**
accusative case	used for the direct object and after certain prepositions **Der Junge kauft einen Schal für seine Mutter.**
dative case	used after certain prepositions **Der Teddybär ist auf dem Bett, und die Sporttasche ist hinter der Tür.**
singular	one of something **Anke spielt gern Handball. Anke kauft ein Buch.**
plural	more than one of something **Anke und Peter spielen gern Handball. Die Freunde kaufen Bücher.**

Section 1 Useful vocabulary and phrases

1

a) das Lineal

b) der Filzstift

c) der Radiergummi

d) das Heft

e) der Bleistift

f) das Buch

g) das Wörterbuch

h) das Papier

i) der Kugelschreiber

j) der Füller

k) die Mappe

l) das Etui

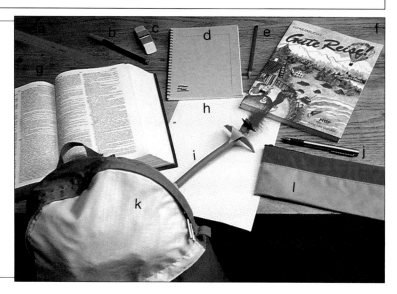

2 Talking to people

When you talk to or about people you use pronouns (I, you, he, she, etc.). The chart below shows you the German pronouns.

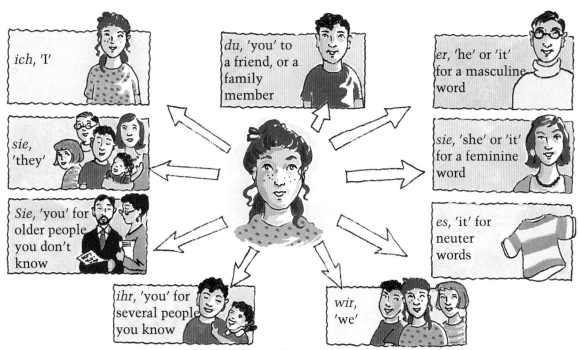

ich, 'I'

du, 'you' to a friend, or a family member

er, 'he' or 'it' for a masculine word

sie, 'they'

sie, 'she' or 'it' for a feminine word

Sie, 'you' for older people you don't know

es, 'it' for neuter words

ihr, 'you' for several people you know

wir, 'we'

The German word *sie* has three meanings. If it has a capital letter, *Sie*, it means 'you', if it is written *sie* it means 'she'/ 'it' or 'they'.

3

Numbers

1 eins	19 neunzehn
2 zwei	20 zwanzig
3 drei	21 einundzwanzig
4 vier	22 zweiundzwanzig
5 fünf	23 dreiundzwanzig
6 sechs	30 dreißig
7 sieben	40 vierzig
8 acht	50 fünfzig
9 neun	60 sechzig
10 zehn	70 siebzig
11 elf	80 achtzig
12 zwölf	90 neunzig
13 dreizehn	100 (ein)hundert
14 vierzehn	200 zweihundert
15 fünfzehn	1000 (ein)tausend
16 sechzehn	310 dreihundertzehn
17 siebzehn	325 dreihundertfünfundzwanzig
18 achtzehn	3300 dreitausenddreihundert

Dates

1. am ersten	13. am dreizehnten
2. am zweiten	14. am vierzehnten
3. am dritten	15. am fünfzehnten
4. am vierten	16. am sechzehnten
5. am fünften	17. am siebzehnten
6. am sechsten	18. am achtzehnten
7. am siebten	19. am neunzehnten
8. am achten	20. am zwanzigsten
9. am neunten	21. am einundzwanzigsten
10. am zehnten	22. am zweiundzwanzigsten
11. am elften	23. am dreiundzwanzigsten
12. am zwölften	30. am dreißigsten

4 Days of the week

5 Months

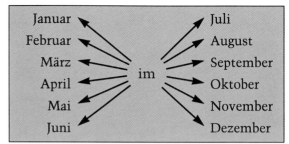

6 Time phrases

am Montag	on Monday	zweimal pro Woche/ Monat	twice a week/month
im Juni	in June	ab und zu	now and again
am 12. Juni	on the 12th of June	jeden Tag	every day
Montag, den 12. Juni	Monday 12th June (on letters)	jedes Wochenende	every weekend
vom 13. Oktober bis zum 12. November	from the 13th of October till the 12th of November	in den Sommerferien	in the summer holidays
am Abend	in the evening	letzte Woche	last week
abends	in the evenings	letztes Jahr	last year
am Morgen	in the morning	zwei Tage	(for) two days
morgens	in the mornings	eine Woche	(for) a week
um sechs Uhr	at six o'clock	gestern	yesterday
von neun bis elf Uhr	from nine to eleven o'clock	gestern vormittag	yesterday morning
zwischen einer und zwei Stunden	between one and two hours	gestern nachmittag	yesterday afternoon
drei Stunden pro Tag	three hours a day	gestern abend	yesterday evening

7 Times

12-hour clock	24-hour clock
um sechs Uhr	um achtzehn Uhr
um fünf nach sechs	um achtzehn Uhr fünf
um zehn nach sechs	um achtzehn Uhr zehn
um Viertel nach sechs	um achtzehn Uhr fünfzehn
um zwanzig nach sechs	um achtzehn Uhr zwanzig
um fünfundzwanzig nach sechs	um achtzehn Uhr fünfundzwanzig
um halb sieben	um achtzehn Uhr dreißig
um fünfundzwanzig vor sieben	um achtzehn Uhr fünfunddreißig
um zwanzig vor sieben	um achtzehn Uhr vierzig
um Viertel vor sieben	um achtzehn Uhr fünfundvierzig
um zehn vor sieben	um achtzehn Uhr fünfzig
um fünf vor sieben	um achtzehn Uhr fünfundfünfzig

8 Question words

Wer? *Who?* Wer bekommt ein neues Rad?

Wo? *Where?* Wo treffen wir uns?

Wann? *When?* Wann treffen wir uns?

Was? *What?* Was nimmst du mit?

Wie? *How?* Wie geht's? Wie machst du das?

Wie viele? *How many?* Wie viele Sachen nehmt ihr mit?

Wie bitte? *Pardon?*

Warum? *Why?* Warum warst du so spät?

Woher? *From where?* Woher kommt das?

Wohin? *To where?* Wohin gehst du?

Welche (r/s) *Which?* Welche Wohnung ist neu renoviert?

Wieviel Uhr ist es? *What's the time?*

Womit? *With what?* Womit würzt man die Pizza?

Worüber? *What about?* Worüber sprechen sie?

Section 2

Nouns

Nouns are easy to spot in German as they are always written with a capital letter. There are three groups of nouns in German: masculine (m), feminine (f) and neuter (n). Nouns often have a small marker word in front of them (a, the, my, your, his etc.).

When you use the nominative, accusative or dative case, these marker words sometimes change.

1 Nominative case

The chart below shows you which marker word you use with each group of nouns and with the plural in the nominative case.

	masculine	feminine	neuter	plural
the	**der**	**die**	**das**	**die**
a	**ein**	**eine**	**ein**	–
no	**kein**	**keine**	**kein**	**keine**
my	**mein**	**meine**	**mein**	**meine**
your	**dein**	**deine**	**dein**	**deine**
his	**sein**	**seine**	**sein**	**seine**
her	**ihr**	**ihre**	**ihr**	**ihre**

You use these marker words for nouns which are the subject of the sentence:

▶ Hund (m)   **Der Hund ist schwarz.**
▶ Schwester (f)   **Meine Schwester ißt Chips.**
▶ T-Shirt (n)   **Ein T-Shirt kostet 30 Mark.**
　 Schuhe (pl)   **Ihre Schuhe sind zu groß.**

2 Accusative case

The marker words for masculine nouns change in the accusative case, but feminine, neuter and plural words stay the same.

	nominative	masculine	accusative
the	**der**	⟶	**den**
a	**ein**	⟶	**einen**
no	**kein**	⟶	**keinen**
my	**mein**	⟶	**meinen**
your	**dein**	⟶	**deinen**
his	**sein**	⟶	**seinen**
her	**ihr**	⟶	**ihren**

You use these marker words for nouns which are the direct object of the sentence:

▶ Hund (m)   **Ich habe einen Hund.**
▶ Uhr (f)   **Ich habe deine Uhr.**
▶ Fahrrad (n)   **Sie hätte gern ein Fahrrad.**
　 Sportschuhe (pl) **Sie hat keine Sportschuhe.**

3 Prepositions

Prepositions are small words which tell us where things and people are going to or where they are.

an	*on, at*	**hinter**	*behind*	**über**	*over, above, across*
auf	*on top of*	**in**	*in, into*	**um**	*around*
aus	*from, out of*	**mit**	*with*	**unter**	*under*
bei	*at the home of*	**nach**	*to*	**von**	*from, of*
durch	*through*	**neben**	*next to, beside*	**vor**	*before, in front of*
für	*for*	**ohne**	*without*	**zu**	*to*
gegenüber von	*opposite*			**zwischen**	*between*

Most prepositions are followed by the dative or the accusative case.

These always take the dative case.

DATIVE · ACCUSATIVE

mit, nach, von, zu, bei, aus

in, auf, zwischen, neben, an, über, unter, hinter, vor

durch, für, ohne, um

These always take the accusative case.

These take either the dative or the accusative case.

When you use a preposition in front of a noun you must remember to use the correct marker word.

If you use *mit, nach, von, zu, bei* or *aus* you need to use the dative case. The chart below shows you how the marker words change in the dative case.

	masculine	feminine	neuter	plural
the	**dem**	**der**	**dem**	**den**
a	**einem**	**einer**	**einem**	–
no	**keinem**	**keiner**	**keinem**	**keinen**
her	**ihrem**	**ihrer**	**ihrem**	**ihren**

▶ Freund (m) Ich war **bei meinem Freund.**

▶ Mutter (f) Ich gehe **zu meiner Mutter.**

▶ Haus (n) Ich gehe **aus dem Haus.**

  Eltern (pl) Ich **war bei meinen Eltern.**

If you use *durch, für, ohne* or *um* you need to use the accusative case marker words.

▶ Freund (m) Anke kauft ein Buch **für ihren Freund.**

▶ Jacke (f) Geh nicht **ohne deine Jacke.**

▶ Haus (n) Geh **um das Haus.**

  Straßen (pl.) Ich gehe **durch die Straßen.**

If you use *in, auf, zwischen, neben, an, hinter, über, unter* or *vor* you have to choose either the dative or the accusative case. If movement from one place to another is involved, choose the accusative case. If there is no movement, or the movement is within an enclosed area, choose the dative case.

Peter und Anke gehen in den Stadtpark.

Es gibt ein großes Feuerwerk im Stadtpark.

Peter hängt ein Poster an die Wand.

Ein tolles Poster hängt an der Wand.

Adjectives

If you want to describe something, you need to use an adjective.

1 If the adjective comes after the noun, the sentence is straightforward.

Der Pullover ist blau. **Er findet Deutsch langweilig.** **Peter ist sehr sportlich.**

2 If the adjective comes before the noun, you must add an ending to the adjective as follows:

	masculine	feminine	neuter	plural
nominative	**ein blauer Pullover**	**eine rote Jacke**	**ein neues T-Shirt**	**tolle Schuhe**
accusative	**einen blauen Pullover**	**eine rote Jacke**	**ein neues T-Shirt**	**tolle Schuhe**

3 If you want to compare two things, you add *-er* (and sometimes an umlaut) to most adjectives.

Ich finde Deutsch wichtiger als Musik.

Ich bin älter als Peter.

There are a few exceptions!

gern > lieber	**Ich spiele gern Handball, aber ich spiele lieber Fußball als Handball.**
gut > besser	**Sport ist gut, aber Deutsch ist besser als Sport.**
hoch > höher	**Ben Nevis ist hoch, aber Everest ist höher als Ben Nevis.**

Verbs

If you want to talk about what people are doing, you need to use verbs to explain their actions. Most German verbs end in *-en* in the infinitive. You will come across the infinitive if you look up a verb in the dictionary or word list. It means 'to' do something; *essen*, *spielen* and *haben* are all infinitives.

1 Present tense

The present tense in German can be used to express three different meanings:

- **Ich spiele Gitarre.**
  I'm playing the guitar.

- **Jeden Abend spiele ich Gitarre.**
  I play the guitar every evening.

- **Am Samstag spiele ich in einer Band.**
  I'm going to play in a band on Saturday.

The endings of verbs in the present tense change when you are talking about different people. The list below shows you how. Look how *wir*, *sie* (plural) and *Sie* all have the same ending.

	spielen
ich	ich spiele Fußball
du	du spielst Gitarre
er/sie/es	sie spielt Hockey
wir	wir spielen Squash
ihr	ihr spielt Federball
sie	sie spielen Golf
Sie	Sie spielen Tennis

Sometimes letters are put in, left out or changed to make the verbs easier to say in the *du* and *er/sie/es* forms.

- add an extra *e* in verbs ending in *-den* or *-ten*:

	ich	du	er/sie/es
arbeiten	arbeite	arbeitest	arbeitet
finden	finde	findest	findet

- change the *e* to *i(e)* in the following verbs:

	ich	du	er/sie/es
essen	esse	ißt	ißt
geben	gebe	gibst	gibt
lesen	lese	liest	liest
nehmen	nehme	nimmst	nimmt
sehen	sehe	siehst	sieht
sprechen	spreche	sprichst	spricht

- put two dots on the vowel to make it an umlaut in the following verbs:

	ich	du	er/sie/es
fahren	fahre	fährst	fährt
fallen	falle	fällst	fällt
fangen	fange	fängst	fängt
lassen	lasse	läßt	läßt
laufen	laufe	läufst	läuft
tragen	trage	trägst	trägt

- change *ss* to *ß* in *essen* and *lassen*:

  essen ——▶ du ißt/er ißt

  lassen ——▶ du läßt/er läßt

- leave out the *s* in the *du* form of *heißen*:

  heißen ——▶ du heißt

2 'To have' and 'to be'

Haben (to have) and *sein* (to be) don't follow the pattern of other verbs like *spielen*. The lists below show you how they go.

haben	sein
ich habe	ich bin
du hast	du bist
er/sie/es hat	er/sie/es ist
wir haben	wir sind
ihr habt	ihr seid
sie haben	sie sind
Sie haben	Sie sind

3 Modal verbs

Dürfen, können, müssen, sollen and *wollen* are all modal verbs. They add meaning to another verb. When you use modal verbs remember to put the other verb at the end of the sentence in its infinitive form.

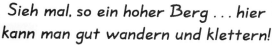

	dürfen	können	müssen	sollen	wollen
ich	darf	kann	muß	soll	will
du	darfst	kannst	mußt	sollst	willst
er/sie/es	darf	kann	muß	soll	will
wir	dürfen	können	müssen	sollen	wollen
ihr	dürft	könnt	müßt	sollt	wollt
sie	dürfen	können	müssen	sollen	wollen
Sie	dürfen	können	müssen	sollen	wollen

4 Separable verbs

In German you will come across some verbs which split into two parts. One part, the basic verb, stays as the second idea in the sentence, and the small second part goes to the end of the sentence.

aufschreiben
Ich schreibe es auf.

zuhören
Die Klasse hört zu.

ansehen
Sieh dir die Bilder an.

If you use a separable verb with a modal verb, the separable verb stays together at the end of the sentence.

zumachen
Du sollst dein Buch zumachen.

eintragen
Ich muß diese Liste ins Heft eintragen.

ausfüllen
Kannst du die Tabelle ausfüllen?

5 Commands

If you want to tell someone or several people to do something you will need to use a command:

- for *Sie*

  use the infinitive of the verb and put it at the beginning of the sentence:

  Gehen Sie nach rechts.
  Lesen Sie den Text.

- for *ihr*

  use the present tense ending for *ihr*, put it at the beginning of the sentence and leave out the word *ihr*:

  Hört gut zu.
  Arbeitet zu viert.

- for *du*

  use the present tense ending for *er/sie/es* and leave the *t* off the end, put the verb at the beginning of the sentence and leave out the word *du*:

  Mach eine Liste.
  Trag diese Tabelle ins Heft ein.

If the verb has had an umlaut change in the present tense, do not put an umlaut in the command: *er schläft* ⟶ *schlaf gut!*

Sein is an exception, see below.

	du	ihr	Sie
lesen	Lies!	Lest!	Lesen Sie!
machen	Mach!	Macht!	Machen Sie!
gehen	Geh!	Geht!	Gehen Sie!
schlafen	Schlaf!	Schlaft!	Schlafen Sie!
sein	Sei ruhig!	Seid ruhig!	Seien Sie ruhig!

6 Word order

The word order in German depends on whether you are saying a statement, asking a question or giving a command.

- the order for a statement is:

  subject – verb – object
  Du – hast – einen Computer.
  Sie – trinken – Cola.

- the order for a question is:

  verb – subject – object
  Hast – du – einen Computer?
  Trinken – sie – Cola?

- if you are using a question word like *wo?* or *was?* the word order is:

  question word – verb – subject – object
  Wann – gehst – du – in die Stadt?

- the order for a command is:

  (subject) – verb – object
  (Peter), – sieh dir – Seite 55 – an. Paß auf!

- *wenn* sends the verb to the end of the clause:

  Wenn – subject – object – verb, verb – subject – object
  Wenn es schneit, laufe ich Ski.

Schau mal, da oben gibt es ein Hallenbad.

Wenn das Wetter schön ist, schwimme ich lieber im See!

7 Past tense

The imperfect tense of *sein* is used to say 'was' and 'were'.

ich war
du warst
er/sie/es war
wir waren
ihr wart
sie waren
Sie waren

There are two parts to forming the perfect tense:

the present tense of *haben* or *sein* + the past participle

Peter hat einen Schal gekauft.

Anke und Peter haben das Feuerwerk im Stadtpark gesehen.

Ich habe Deutsch gelernt.

Peter ist beim Klettern gefallen.

- The past participle of regular (weak) verbs is easy to form. Take the infinitive of the verb, for example: *spielen*. Then remove the *-en*, add *ge-* to the front and *-t* to the end: *gespielt*.

- The past participle of irregular (strong and mixed) verbs needs to be learned.

- Most verbs (including all weak verbs) in the perfect tense are formed with *haben*. Some irregular verbs are formed with *sein*. These verbs are marked with an * in the table.

- The past participle nearly always comes at the end of the sentence.

verb	past participle	English
beginnen	begonnen	*to begin*
besuchen	besucht	*to visit*
bleiben	geblieben *	*to stay*
brechen	gebrochen	*to break*
bringen	gebracht	*to bring*
essen	gegessen	*to eat*
fahren	gefahren *	*to travel*
finden	gefunden	*to find*
fliegen	geflogen *	*to fly*
geben	gegeben	*to give*
gehen	gegangen *	*to go*
helfen	geholfen	*to help*
kommen	gekommen *	*to come*
laufen	gelaufen *	*to run*
leihen	geliehen	*to hire*
lesen	gelesen	*to read*
liegen	gelegen	*to lie*
nehmen	genommen	*to take*
schlafen	geschlafen	*to sleep*
schreiben	geschrieben	*to write*
schwimmen	geschwommen *	*to swim*
sehen	gesehen	*to see*
sein	gewesen *	*to be*
sprechen	gesprochen	*to speak*
stehen	gestanden	*to stand*
steigen	gestiegen *	*to climb*
telefonieren	telefoniert	*to telephone*
treffen	getroffen	*to meet*
treiben	getrieben	*to do, make*
trinken	getrunken	*to drink*
vergessen	vergessen	*to forget*
werfen	geworfen	*to throw*
ziehen	gezogen	*to pull*

All the vocabulary from stage 2 of *Gute Reise!* is listed below. Plural forms are given in brackets.

A

der **Abend(e)**	evening
das **Abendbrot(e)**	supper/tea
das **Abendessen(-)**	evening meal
abends	in the evening(s)
aber	but
die **Abfahrt(en)**	departure
der **Abfall(¨e)**	rubbish
abgeben	to hand over, to deliver
abgebrannt	burnt down
abgenommen	lost weight
die **Abkürzung(en)**	abbreviation, short cut
abliefern	to deliver
die **Abschiedsparty(s)**	farewell party
der **Abschiedsplan(¨e)**	farewell plan
der **Abschluß(¨sse)**	conclusion
absolut	absolutely, completely
absteigen	to get off *(bike)*
die **Abteilung(en)**	department
der **Abteilungsdirektor(en)**	manager of department *(male)*
die **Abteilungsdirektorin(nen)**	manager of department *(female)*
abwaschen	to wash up
ach	oh
acht	eight
achten	to pay attention
achtgeben	to pay attention
achthundert	eight hundred
achtunddreißig	thirty eight
Achtung!	watch out! pay attention!
achtzehn	eighteen
achtzig	eighty
das **Actionprogramm(e)**	action programme
die **Adresse(n)**	address
das **Adressenbuch(¨er)**	address book
die **Agentur(en)**	agency
ähnlich	similar
die **Ahnung(en)**	inkling, idea
keine Ahnung	no idea
akademisch	academic
der **Akt(en)**	act
die **Aktivität(en)**	activity
aktuell	topical, current, fashionable
der **Alkohol**	alcohol
alkoholfrei	alcohol-free
alle	all
allein	alone
allergisch (gegen)	allergic (to)
allerlei	all kinds of
allgemein	general
die **Alpen**	Alps
der **Alpenverein**	alpine club
das **Alphabet(e)**	alphabet
als	than
also	so, well then
alt	old
das **Alter(-)**	age
altmodisch	old-fashioned
das **Altöl(e)**	used oil
am	at the
Amerika	America
amerikanisch	American
an	on, at
an der	at the

die **Ananas(e)**	pineapple
der **Ananassaft(¨e)**	pineapple juice
das **Ananasstück(e)**	pineapple piece
das **Andenken(e)**	souvenir
andere(r, s)	other
der **Anfang(¨e)**	beginning
am Anfang	in the beginning
das **Angebot(e)**	offer
angeboten	offered
angekommen	arrived
angeln	to go fishing
angerufen	phoned
die **Angst(¨e)**	fear
ich habe Angst	I'm afraid
angucken	to look at
ankommen	to arrive
die **Ankunft(e)**	arrival
die **Anlage(n)**	grounds, facilities
die **Anmeldung(en)**	announcement
annehmen	to take, to accept
der **Anorak(s)**	anorak
der **Anruf(e)**	phone call
der **Anrufbeantworter(-)**	answer machine
anrufen	to phone
anschauen	to look at
die **Antwort(en)**	answer
die **Anzeige(n)**	advertisement
anziehen	to put on *(clothes)*
der **Apfel(¨)**	apple
der **Apfelsaft(¨e)**	apple juice
die **Apotheke(n)**	chemist
die **Aprikose(n)**	apricot
April	April
die **Arbeit(en)**	work
arbeiten	to work
der **Architekt(en)**	architect *(male)*
die **Architektin(nen)**	architect *(female)*
ARD	German TV channel
(Erstes Deutsches Fernsehen)	
der **Arm(e)**	arm
der **Artikel(-)**	article
der **Arzt(¨e)**	doctor *(male)*
die **Ärztin(nen)**	doctor *(female)*
das **Asienturnier(e)**	tour of Asia
au	ouch
die **Aubergine(n)**	aubergine
auch	also, as well
auf	on (top of)
im Urlaub	on holiday
auf Wiedersehen	goodbye
der **Aufenthalt(e)**	stay
die **Aufführung(en)**	performance
die **Aufgabe(n)**	task, exercise
aufgebaut	built up
aufgepaßt	watched out, paid attention
aufgestanden	stood up
aufpassen	to be careful, to watch out
aufschreiben	to write down
aufstehen	to stand up
die **Aufwendung(en)**	use
das **Auge(n)**	eye
August	August
die **Aula(Aulen)**	school hall
aus	from, out of
der **Ausblick(e)**	view
die **Ausgabe(n)**	expenditure
ausgeben	to spend
ich gebe . . . aus	I spend
ausgegeben	spent
ausgehen	to go out
das **Ausgehverbot(e)**	ban on going out

das **Ausland**	foreign countries
im/ins Ausland	abroad
die **Ausrüstung**	equipment
die **Ausrüstungsliste(n)**	equipment list
Australien	Australia
ausverkauft	sold out
der/die **Auszubildende**	trainee, apprentice
das **Auto(s)**	car
die **Autobatterie(n)**	car battery
der **Autofahrer(-)**	car driver (male)
die **Autofahrerin(nen)**	car driver (female)
das **Autowaschen**	car washing
autsch	ouch
die **Avocado(s)**	avocado

B

das **Babysitting**	babysitting
backt	bakes
backen	to bake
der **Bäcker**	baker (male)
die **Bäckerin**	baker (female)
die **Bäckerei(en)**	baker's shop
der **Badeanzug(¨e)**	swimming costume
die **Badehose(n)**	swimming trunks
der **Bademantel(¨)**	bath robe, dressing gown
das **Badeparadies**	swimming paradise
das **Badezimmer(-)**	bathroom
badnehmen	to have a bath
die **Bahn(en)**	track, tram, chair lift
die **Bahncard**	train reduction card
der **Bahnhof(¨e)**	railway station
bald	soon
der **Balkon(s)**	balcony
der **Ball(¨e)**	ball
der **Ballon(s)**	balloon
die **Band(s)**	band, group of musicians
die **Bank(en)**	bank
die **Bar(s)**	bar
die **Baßgeige(n)**	double-bass
die **Batterie(n)**	battery
bauen	to build
das **Bauernbrot(e)**	farmhouse-style bread
die **Baumwolle(n)**	cotton
die **Baustelle(n)**	building site, road works
Bayern	Bavaria
beantworten	to answer
bedeuten	to mean
beeil dich	hurry up
beenden	to end, to finish
sich **befinden**	to be situated
die **Begegnung(en)**	meeting
begeistert	enthusiastic
beginnen	to begin
begonnen	begun
die **Behörde(n)**	council, authority
bei	at (the home of)
ist auf Besuch bei . . .	is visiting . . .
bei der	at the
beide	both
beim	at the
das **Bein(e)**	leg
das **Beispiel(e)**	example
zum Beispiel	for example
beißen	to bite
bekommen	to get
beliebt	popular
benutzen	to use
bequem	comfortable
bereit	ready
bereit sein	to be ready
ich bin bereit	I am ready
der **Berg(e)**	mountain
die **Bergbahn(en)**	mountain railway, cable car

bergsteigen	to go mountaineering
die **Bergunfallstatistik(en)**	mountain accident statistics
die **Bergvokabel(n)**	mountain vocabulary
die **Bergwacht**	mountain rescue service
bergwandern	mountain walking
berichten	to report
berufsbezogen	focusing on work
berufsvorbereitend	preparing for work
beschreiben	to describe
die **Beschreibung(en)**	description
beschriften	to label
der **Besetztton(¨e)**	engaged tone
besichtigen	to see (sights)
besonder	special
besonders	especially
nichts Besonderes	nothing special
besser	better
beste(r, s)	best
das **Besteck(e)**	set of cutlery
bestellt	ordered
bestimmt	certain(ly)
der **Besuch(e)**	visit
ist auf Besuch bei	is visiting
besuchen	to visit
besucht	visited
der **Beton**	concrete
betragen	to amount to
das **Bett(en)**	bed
bezahlen	to pay
die **Bibliothek(en)**	library
das **Bier(e)**	beer
der **Biergarten(¨)**	beer garden
bieten	to offer
das **Bild(er)**	picture
der **Bildschirm(e)**	screen
die **Bildung(en)**	education
billig	cheap
bin	am
Biologie	biology
der **Birnensaft(¨e)**	pear juice
bis	to, until
bis bald	till soon, see you soon
bis später	till later, see you later
ein **bißchen**	a bit
du **bist**	you are
bitte	please
bitte schön	there you are
wie bitte?	pardon?
bitten	to ask
blau	blue
der **Blazer(-)**	blazer
bleiben	to stay
das **Bleichmittel(-)**	bleach
bleifrei	lead-free
der **Bleistift(e)**	pencil
der **Blick(e)**	view
das **Blockdiagramm(e)**	bar chart
die **Blockflöte(n)**	recorder
blöd	silly
blond	blond
die **Blume(n)**	flower
der **Blumenkohl**	cauliflower
der **Blumentopf(¨e)**	flower pot
der **Bodensee**	Lake Constance
der **Bonbon(s)**	sweet
das **Boot(e)**	boat
der **Bootsverleih**	boat hire
böse	angry
die **Boutique(n)**	boutique, clothes shop
die **Bowle(n)**	punch
das **Bowling(s)**	bowling
brauchen	to need
braun	brown
bravo	well done!

breit	broad, wide, flared	Dänemark	Denmark
brennen	to burn	danke	thanks
der Brief(e)	letter	vielen Dank	thank you very much
der Brieffreund(e)	penfriend (male)	dann	then
die Brieffreundin(nen)	penfriend (female)	darauf	on it
die Briefmarke(n)	stamp	ich darf	I am allowed to
die Brille(n)	glasses	du darfst	you are allowed to
bringen	to bring, to take	darüber	over it, above it
die Bronzemedaille(n)	bronze medal	das	the, that
die Broschüre(n)	brochure	daß	that (conjunction)
das Brot(e)	bread	die Datenverarbeitung(en)	data processing
das Brötchen(-)	bread roll	der Dauercamper(-)	long-stay camper (male)
die Brotsorte(n)	type of bread	die Dauercamperin(nen)	long-stay camper (female)
der Bruder(¨)	brother	dauern	to last
der Brunnen(-)	fountain	davon	from it, of it
das Buch(¨er)	book	dazu	to that
die Buchabteilung(en)	book department	dein	your
die Buchhandlung(en)	book shop	denken	to think
buchstabiert	spelled	denn	for, because, then
das Büffet	buffet	das Deospray(s)	deodorant spray
bügeln	to iron	deprimiert	depressed
die Bundesrepublik	federal republic (of Germany)	der	the
bunt	colourful	das Detail(s)	detail
der Bürger(-)	citizen (male)	er/sie deutet	he/she points
die Bürgerin(nen)	citizen (female)	deutsch	German
das Büro(s)	office	Deutsch	German (language)
der Bus(se)	bus, coach	die Deutsche Mark(-)	Deutschmark
die Bushaltestelle(n)	bus stop	Deutschland	Germany
die Butter(-)	butter	der Deutschlehrer(-)	German teacher (male)
		die Deutschlehrerin(nen)	German teacher (female)

C

		Dezember	December
das Café(s)	cafe	der Dialog(e)	conversation
das Camping(-)	camping	die Diät(¨en)	diet
der Campingartikel(-)	camping items	dich	you
die Campingausrüstung(en)	camping equipment	dick	fat
der Campingladen(¨)	camping shop	die	the
der Campingplan(¨e)	camping plan	Dienstag	Tuesday
der Campingplatz(¨e)	campsite	diese	this, these
die Campingreise(n)	camping trip	das Ding(e)	thing
das Campingspiel(e)	camping game	dir	to you
der Campingurlaub(e)	camping holiday	direkt	direct
das Cello(s)	cello	der Direktor(en)	manager, headteacher (male)
die Champignonspizza(s)	mushroom pizza	die Direktorin(nen)	manager, headteacher (female)
der Champignon(s)	mushroom	die Disco(s)	disco
die Chance(n)	chance	die Discotheke(n)	discotheque
der Charakter(e)	character	die Diskette(n)	floppy disk
das Charakterspiel(e)	character game	das Diskettenlaufwerk	disk drive
chinesisch	Chinese	diskutieren	to discuss
der Chip(s)	crisp	doch	used for emphasis
der Chor(¨e)	choir	Donnerstag	Thursday
der Clown(s)	clown	doof	stupid
der Cocktail(s)	cocktail	das Dorf(¨er)	village
der Cocktailexperte(n)	cocktail expert (male)	dort	there
die Cocktailexpertin(nen)	cocktail expert (female)	dorthin	there
der Cola(s)	coke	die Dose(n)	can, tin
der Comic(s)	comic	ich bin dran	it's my turn
der Computer(-)	computer	du bist dran	it's your turn
das Computerspiel(e)	computer game	das Drehrestaurant(s)	revolving restaurant
der Container(-)	container	der Drehverschluß	screw-top lid
der Cousin(s)	cousin (male)	drei	three
die Cousine(n)	cousin (female)	dreihundert	three hundred
das Curry(s)	curry	dreimal	three times
		dreißig	thirty
		dreitausend	three thousand
		dreiundzwanzig	twenty-three
		dreizehn	thirteen

D

		drin	in it
da	there	dritte(r, s)	third
dafür	(in exchange) for this	drittgrößte	third largest
dahin	there	drüben	over there
die Dame(n)	lady	der Drucker(e)	printer
die Damenabteilung(en)	ladies' department	du	you
damit	with this	die Dummheit(en)	stupidity
danach	afterwards	das Düngemittel(-)	fertilizer
daneben	next to it		

dunkel (dunkle)	dark
die Dunkelkammer	dark room
durch	through
der Durchschnitt	average
im Durchschnitt	on average
der Durchschnittshaushalt	average household
dürfen	to be allowed to
der Durst	thirst
ich habe Durst	I'm thirsty
die Dusche(n)	shower
sich duschen	to have a shower

E

echt	really, truly
die Ehepartner(pl)	married couples
die Eierpappe(n)	egg box
eifersüchtig	jealous
eigen	own
eigentlich	actually
ein	a, one
einfach	simply, easy
einfacher	easier
eingeliefert	posted
eingeschlafen	fallen asleep
einige	several
einkaufen gehen	to go shopping
die Einkaufsliste(n)	shopping list
einladen	to invite
die Einladung(en)	invitation
einmal	once
einpacken	to wrap
eins	one
einsam	lonely, isolated
die Eintrittskarte(n)	entrance ticket
der Eintrittspreis(e)	entrance fee
einunddreißig	thirty-one
einundfünfzig	fifty-one
einundzwanzig	twenty-one
der Einwohner(n)	inhabitant (male)
die Einwohnerin(nen)	inhabitant (female)
das Einzelkind(er)	only child
das Eis	ice-cream
das Eiscafé(s)	ice-cream parlour
die Eishalle(n)	ice-rink
das Eishockey	ice-hockey
ekelhaft	disgusting
der Elefant(en)	elephant
elektronisch	electronic
elf	eleven
die Eltern	parents
die Empfangsdame(n)	receptionist (female)
empfindlich	sensitive
das Empfindungswort(¨er)	word of feeling
empfohlen	recommended
das Ende(n)	end
enden	to end, to finish
endlich	finally, eventually
die Energie(n)	energy
England	England
englisch	English
Englisch	English (language)
entdecken	to discover
enthält	contains
entlang	along
entscheiden	to decide
sich entschuldigen	to apologise
die Entschuldigung(en)	apology
der Entschuldigungsbrief(e)	letter of apology
er	he
die Erdbeermarmelade(n)	strawberry jam
das Erdgeschoß	ground floor
Erdkunde	geography

erfinden	to invent, to make up
erforderlich	necessary, required
ergänzen	to complete, to fill in, to add to
das Ergebnis(se)	result
erklären	to explain
erlauben	to allow
erleben	to experience
die Ermäßigung(en)	reduction
der Ernährungsexperte(n)	nutrition expert (male)
die Ernährungsexpertin(nen)	nutrition expert (female)
ernst	serious
eröffnen	to open
erreichen	to reach
errichtet	set up
erst	first
erstaunt	surprised
erste(r, s)	first
der/die Erwachsene(n)	adult
erzählen	to tell
es	it
essen	to eat
die Eßecke(n)	dining area
der Eßlöffel(e)	dessert spoon
die Essiggurke(n)	pickled gherkin
das Eßzimmer(-)	dining room
die Etage(n)	floor, storey
das Etagenbett(en)	bunk bed
etwa	about
etwas	something
euch	you
euer(e)	your
Europa	Europe
das Experiment(e)	experiment
extra	extra

F

fabelhaft	fabulous
das Fach(¨er)	subject
fähig	capable, able
fahren	to drive, to go
Rad fahren	to cycle
das Fahrrad(¨er)	bicycle
der Fahrradverleih	bicycle hire
der Fahrradweg(e)	cycle path
fährt	goes, drives
die Fahrzeit(en)	travelling time
der Fall(¨e)	case, fall
fallen	to fall
falsch	wrong, false
die Familie(n)	family
die Familienmutter(¨)	mother of the family
die Familienserie(n)	family series
der Fan(s)	fan
fantasievoll	full of fantasy
fantastisch	fantastic
die Farbe(n)	colour
der Fasching	Fasching (carnival)
das Faschingslied(er)	Fasching song
die Faschingsparty(s)	Fasching party
der Faschingsumzug(¨e)	Fasching procession
fast	almost
der Fastnachtdienstag	Shrove Tuesday
faul	lazy
das Fax(e)	fax
Februar	February
feiern	to celebrate
die Fensterscheibe(n)	window pane
die Ferien	holiday(s)
das Ferienhaus(¨er)	holiday home
die Ferienumfrage(n)	holiday survey
die Ferienwoche(n)	holiday week
ferngesehen	watched television
fernsehen	to watch television

ich sehe fern	I watch television
im Fernsehen	on television
der **Fernseher**(-)	television
das **Fernsehprogramm**(e)	television programme
die **Fernsehserie**(n)	television series
der **Fernsehturm**(¨e)	television tower
die **Fernsehumfrage**(n)	television survey
fertig	ready, finished
fertigschreiben	to finish writing
fett	fat
das **Feuer**(-)	fire
die **Feuerwehr**(en)	fire service
die **Feuerwehrstation**(en)	fire station
das **Feuerwerk**(e)	firework
das **Fieber**(-)	fever
der **Film**(e)	film
die **Filmhochschule**(n)	film school
der **Filmnarr**(en)	film fanatic
finden	to find
der **Finger**(-)	finger
die **Firma**(Firmen)	firm, company
der **Fisch**(e)	fish
Fische	Pisces
fischen	to go fishing
das **Fischfleisch**	fish (to eat)
die **Fischkarte**(n)	fishing permit
die **Flamme**(n)	flame
die **Flasche**(n)	bottle
der **Flaschenöffner**(-)	bottle opener
die **Fledermaus**(¨e)	bat
das **Fledermauskostüm**(e)	bat costume
das **Fleisch**(-)	meat
der **Fleischsalat**(e)	meat salad
flexibel	flexible
der **Flohmarkt**(¨e)	flea market
die **Flöte**(n)	flute
das **Flugzeug**(e)	aeroplane
die **Flugzeugmodelle**(n)	model aeroplane
der **Flur**(en)	hall(way)
der **Fluß**(-üsse)	river
folgen	to follow
folgend	following
das **Fondue**(s)	fondue
formatieren	to format
die **Forschungsarbeit**(en)	research
das **Forschungsinstitut**(e)	research institute
das **Foto**(s)	photo
der **Fotoapparat**(e)	camera
fotografieren	to take a photograph
die **Frage**(n)	question
fragen	to ask
Frankreich	France
französisch	French
Französisch	French (language)
der **Französischlehrer**(-)	French teacher *(male)*
die **Französischlehrerin**(nen)	French teacher *(female)*
die **Frau**(en)	woman
Frau	Mrs
die **Frauenärztin**(nen)	gynaecologist (female)
Fräulein	Miss
frech	cheeky
frei	free
freigegeben	open, suitable
der **Freiplatz**(¨e)	vacant place
Freitag	Friday
der **Freitagabend**	Friday evening
freitags	on Fridays
die **Freizeit**(en)	free time, leisure time
der **Freizeitbedarf**	leisure requirements
die **Freizeitgüter**	leisure goods
das **Freizeitskonsum**	leisure consumption
die **Freizeitsmöglichkeit**(en)	leisure opportunities
fremd	strange, foreign
ich freue mich auf	I'm looking forward to
sich freuen auf	to look forward to
der **Freund**(e)	friend (male)
die **Freundin**(nen)	friend (female)
freundlich	friendly
die **Freundschaft**(en)	friendship
frisch	fresh
der **Frischkäse**(-)	curd cheese
der **Friseur**(e)	hairdresser *(male)*
die **Friseurin**(nen)	hairdresser *(female)*
der **Frisiersalon**(s)	hairdressing salon
frißt	eats
die **Frucht**(¨e)	fruit
der **Fruchtsaft**(¨e)	fruit juice
früh	early
früher	before, earlier
der **Frühling**	spring
der **Frühlingsbeginn**	beginning of spring
das **Frühstück**(e)	breakfast
die **Frühstücksidee**(n)	breakfast idea
fühlen	to feel
füllen	to fill
das **Fundbüro**(s)	lost property office
fünf	five
fünfhundert	five hundred
fünfte(r, s)	fifth
fünfunddreißig	thirty-five
fünfundneunzig	ninety-five
fünfundsiebzig	seventy-five
fünfundvierzig	forty-five
fünfundzwanzig	twenty-five
fünfzehn	fifteen
fünfzig	fifty
der **Fünfzigschillingschein**(e)	fifty schilling note
funktionieren	to function, to work
für	for
was für?	which?
furchtbar	terrible
der **Fuß**(¨e)	foot
zu Fuß	on foot
der **Fußball**(¨e)	football
Fußball spielen	to play football
der **Fußballfan**(s)	football fan
die **Fußballmannschaft**(en)	football team
der **Fußballschuh**(e)	football boot
das **Fußballspiel**(e)	football game
der **Fußballweltmeisterschaft-endspielschiedsrichter**	referee for the final of the football world championships
die **Fußgängerzone**(n)	pedestrian zone

G

die **Gabel**(n)	fork
gar nicht	not at all
die **Garage**(n)	garage
garnieren	to garnish
der **Garten**(¨)	garden
die **Gasheizung**(en)	gas heating
das **Gästezimmer**(-)	guest room
das **Gebäude**(-)	building
gebaut	built
geben	to give
geblieben	stayed
geboren	born
ich bin in . . . geboren	I was born in . . .
gebraucht	used
gebrochen	broken
gebügelt	ironed
der **Geburtstag**(e)	birthday
das **Geburtstagsgeschenk**(e)	birthday present
die **Geburtstagsparty**(s)	birthday party
das **Gedächtnisquiz**(-)	memory quiz

das **Gedicht(e)**	poem
die **Geduld**	patience
geduldig	patient
geehrte(r)	Dear *(formal letter)*
geeignet	suitable
gefahren	driven, went, gone
gefährlich	dangerous
gefallen	to appeal to
. . . **gefällt mir**	I like . . .
das **Gefängnis(se)**	prison
der **Gefängnisdirektor(e)**	prison governor *(male)*
gefeiert	celebrated
gefragt	asked
gefrühstückt	had breakfast
gefunden	found
gegangen	walked, went, gone
gegeben	given
gegen	against
die **Gegend(en)**	area
gegenüber	opposite
gegessen	eaten
gegrillt	grilled
gehabt	had
gehängt	hung
das **Geheimnis(se)**	secret
gehen	to go
die **Gehminute(n)**	minute on foot
geholfen	helped
gehört	heard, listened
die **Geige(n)**	violin
gekauft	bought
geklettert	climbed
gekommen	come
gekostet	cost
gelassen	left
gelaufen	run
gut gelaunt	in a good mood
schlecht gelaunt	in a bad mood
gelb	yellow
das **Geld(er)**	money
gelegen	laid
die **Gelegenheit(en)**	opportunity
gelernt	learned
gelesen	read
geliehen	borrowed
gemacht	done
gemeinsam	general
das **Gemüse(-)**	vegetable
der **Gemüseladen(¨)**	green grocer's
die **Gemüsepizza(s)**	vegetable pizza
der **Gemüsesalat(e)**	vegetable salad
gemustert	patterned
gemütlich	cosy
genau	exactly
genug	enough
geöffnet	opened
gepackt	packed
gepunktet	spotted
gerade	straight
geregnet	rained
gerettet	saved
das **Gericht(e)**	meal
gern	with pleasure, gladly
ich . . . gern	I like . . .
gesagt	said
gesammelt	collected
die **Gesamtschule(n)**	comprehensive school
das **Geschäft(e)**	shop, business
die **Geschäftsfrau(en)**	business woman
der **Geschäftsmann(¨er)**	business man
das **Geschenk(e)**	present
die **Geschenkabteilung(en)**	present department
die **Geschenkidee(n)**	idea for a present
die **Geschichte(n)**	history, story
geschickt	sent
geschlafen	slept
geschluckt	swallowed
der **Geschmack(¨e)**	taste
geschrieben	written
die **Geschwister(pl)**	brothers and sisters
gesegelt	sailed
gesehen	seen
gespart	saved
gespielt	played
gesprochen	spoken
gestern	yesterday
gestohlen	stolen
gestorben	died
gestreift	striped
gestrickt	knitted
gesund	healthy
getanzt	danced
getragen	carried, wore
das **Getränk(e)**	drink
die **Getränkedose(n)**	drink's can
getroffen	met
getrunken	drunk
gewinnen	to win
der **Gewinner(-)**	winner *(male)*
die **Gewinnerin(nen)**	winner *(female)*
gewohnt	lived
gewonnen	won
geworden	become
die **Gewürzgurke(n)**	pickled gherkin
gib(t)	give(s)
es gibt	there is/are
was gibt's?	what's up?
giftig	poisonous
gilt	is valid
der **Gips(e)**	plaster
die **Gitarre(n)**	guitar
Gitarre spielen	to play the guitar
der **Gitarrist(en)**	guitarist *(male)*
die **Gitarristin(nen)**	guitarist *(female)*
das **Glas(¨er)**	glass
der **Glascontainer(-)**	bottle bank
glauben	to think, to believe
gleich	same; immediately
das **Gleis(e)**	platform
der **Gletscherunfall(¨e)**	glacier accident
das **Glockenspiel(e)**	chimes
das **Glück**	luck, happiness
glücklich	happy
glücklicherweise	fortunately
die **Glückspizza(s)**	'happiness' pizza
der **Glückwunsch(¨e)**	congratulations
die **Goldmedaille(n)**	gold medal
Golf	golf
der **Gorilla(s)**	gorilla
die **Gorillamaske(n)**	gorilla mask
der **Gottesdienst(e)**	religious service
der **Grad(e)**	grade, degree
Grafitti	grafitti
die **Grafittimauer(n)**	grafitti wall
das **Gramm(e)**	gram
Griechenland	Greece
der **Groschen(-)**	Groschen (Austrian currency)
groß	tall, big
Großbritannien	Great Britain
die **Großeltern**	grandparents
die **Großmutter(¨)**	grandmother
die **Großstadt(¨e)**	large town
größte(r, s)	biggest
der **Großvater(¨)**	grandfather
grün	green
die **Grundschule(n)**	primary school
die **Gruppe(n)**	group, band
die **Gruppenarbeit(en)**	group work

das **Gruppenfernsehquiz(-)**	group television quiz
die **Gruppenkarte(n)**	group ticket
das **Gruppenspiel(e)**	group game
grüßen	to greet
herzliche Grüße	friendly greetings, best regards
mit freundlichen Grüßen	with best wishes
gültig	valid
der **Gummi**	rubber
der **Gummibär(-chen)**	jelly bear
der **Gummiring(e)**	rubber ring
der **Gummistiefel(-)**	wellington boot
die **Gurke(n)**	cucumber
der **Gürtel(-)**	belt
die **Gürteltasche(n)**	purse belt
gut	good
ist schon gut	it's alright
alles Gute zum Geburtstag	happy birthday
guten Abend	good evening
guten Morgen	good morning
gute Reise!	have a good trip!
guten Tag	hello
das **Gymnasium(-ien)**	grammar school

H

das **Haar(e)**	hair
das **Haarspray(s)**	hair spray
haben	to have
das **Hähnchen(-)**	chicken
halb	half
halb drei	half past two
halbstündlich	half-hourly
die **Hälfte(n)**	half
das **Hallenbad(¨er)**	indoor swimming pool
der **Hallenplatz(¨e)**	indoor court
hallo	hello
das **Halsband(¨er)**	collar, necklace
die **Halsschmerzen(pl.)**	sore throat
halt!	stop!
die **Haltestelle(n)**	bus stop
der **Hamburger(-)**	hamburger
der **Hamster(-)**	hamster
die **Hand(¨e)**	hand
der **Handball(¨e)**	handball
das **Handballspiel(e)**	handball game
der **Handschuh(e)**	glove
die **Handtasche(n)**	handbag
das **Handtuch(¨er)**	handkerchief
hängen	to hang
hassen	to hate
häßlich	ugly
hast (you)	have
hat (he/she)	has
hatte	had
ich **hätte** gern	I would like
der **Hauptbahnhof(¨e)**	main railway station
der **Hauptfilm(e)**	main film
die **Hauptperson(en)**	main person
hauptsächlich	mainly
die **Hauptschule(n)**	type of secondary school
die **Hauptstadt(¨e)**	capital city
die **Hauptstraße(n)**	main street
das **Haus(¨er)**	house
zu Hause	at home
nach Hause	(towards) home
der **Hausarrest**	house arrest
ich habe Hausarrest	I'm grounded
die **Hausaufgabe(n)**	homework
die **Hausfrau(en)**	housewife
der **Haushalt**	household
der **Haushaltsmüll**	household waste
der **Hausmann(¨er)**	house husband
das **Haustier(e)**	pet
das **Heft(e)**	exercise book

heiß	hot
heißen	to be called
die **Heizung(en)**	heating
hektisch	hectic
helfen	to help
der **Helm(e)**	helmet
das **Hemd(en)**	shirt
der **Herbst**	autumn
herein	come in
der **Herr(en)**	man
Herr	Mr
die **Herrenabteilung(en)**	men's department
herzliche Grüße	friendly greetings, best regards
herzlichen Glückwunsch	congratulations
heute	today
heutzutage	nowadays
hey	hey
hier	here
Hilfe!	help!
hilfsbereit	helpful
der **Himmel(-)**	sky, heaven
hin	towards
hinauf	up(wards)
hingefallen	fallen down
hinter	behind
hinunter	down(wards)
der **Hinweis(e)**	tip, hint
die **Hitparade**	hit parade
das **Hobby(s)**	hobby
das **Hobbyquiz(-)**	hobby quiz
hoch	high
hochachtungsvoll	yours sincerely
hochdeutsch	standard German
höchste(r,s)	highest
die **Hochzeit(en)**	wedding
Hockey	hockey
das **Hofbräuhaus**	*building (brewery) in Munich*
hoffen	to hope
hoffentlich	hopefully
hohe	high, tall
holen	to fetch
Holland	Holland
der **Honig**	honey
hören	to hear, to listen
hör zu	listen
der **Horrorfilm(e)**	horror film
die **Horrorgeschichte(n)**	horror story
die **Hose(n)**	trousers
das **Hotel(s)**	hotel
hübsch	pretty, beautiful
der **Hund(e)**	dog
hundert	hundred
hundertneunzig	one hundred and ninety
hundertsiebzig	one hundred and seventy
hundertzehn	one hundred and ten
hundertzwanzig	one hundred and twenty
der **Hunger(-)**	hunger
ich habe Hunger	I'm hungry
hungrig	hungry
die **Hypothese(n)**	hypothesis

I

ich	I
ideal	ideal
die **Idee(n)**	idea
der **Idiot(en)**	idiot *(male)*
die **Idiotin(nen)**	idiot *(female)*
ihm	to him, to it
ihn	him, it
ihnen	to them
ihr	to her
die **Illustrierte(n)**	magazine

im	in the
immer	always
wie immer	as usual
in(s)	in, into
Indonesien	Indonesia
die Industrie(n)	industry
die Informatik	computer studies
die Informatikstunde(n)	computer studies lesson
die Information	information
das Informationsbüro(s)	information office
der Informationsdienst(e)	information service
der Informationstisch(e)	information table
informieren	to inform
die Infoseite(n)	information page
inklusive	including
der Inlandsverkehr	inland traffic
ins	in, to, into
insgesamt	all together
das Instrument(e)	instrument
intensiv	intensive
interessant	interesting
sich interessieren für	to be interested in
interessiert	interested
das Internat(e)	boarding school
das Interview(s)	interview
inzwischen	in the meantime
irgendwie	somehow
Irland	Ireland
ißt	eats
ist	is
Italien	Italy
italienisch	Italian

J

ja	yes
die Jacke(n)	jacket
der Jäger(-)	hunter
das Jahr(e)	year
Jahre alt	years old
das Jahrbuch(¨er)	year book
jahrelang	for years
das Jahreszeugnis(-se)	annual report
die Jahrgangstufe(n)	year (school)
Januar	January
Japan	Japan
japanisch	japanese
die Jeans(-)	jeans
die Jeansjacke(n)	denim jacket
der Jeansminirock(¨e)	denim mini-skirt
jede(r, s)	each
jeden Tag	every day
jemand	somebody
jetzt	now
jeweils	at the time
der Job(s)	job
der Jogginganzug(¨e)	tracksuit
der Joghurt(s)	yoghurt
der Journalist(en)	journalist *(male)*
die Journalistin(nen)	journalist *(female)*
das Judo	judo
das Jugendhaus(¨er)	youth club
der Jugendklub(s)	youth club
der/die Jugendliche	young person
die Jukebox	jukebox
Juli	July
jung	young
der Junge(n)	boy
jünger	younger
Juni	June

K

der Kaffee(s)	coffee
der Kalender(-)	calendar, diary
die Kalorie(n)	calorie
kalt	cold
kam	came
die Kamera(s)	camera
der Kanal(¨e)	channel
das Kaninchen(-)	rabbit
ich kann	I can
du kannst	you can
kaputt	broken
kariert	checked
der Karneval(s)	carnival
die Karriere(n)	career
Karstadt	*name of department store*
die Karte(n)	card, ticket
Karten spielen	to play cards
das Kartenspiel(e)	card game, pack of cards
die Kartoffel(n)	potato
der Käse	cheese
das Käsebrot(e)	cheese sandwich
die Kassette(n)	cassette
der Kassettenbrief(e)	letter on cassette
der Kassettenrecorder(-)	cassette recorder
das Kästchen(-)	box
die Katastrophe(n)	catastrophe
der Katastrophentag(e)	catastrophic day
die Katze(n)	cat
kaufen	to buy
das Kaufhaus(¨er)	department store
Kaufhof	*name of department store*
der Kaugummi	chewing gum
kaum	hardly
die Kegelbahn(en)	bowling alley
kegeln	to bowl
kein	no
der Keks(e)	biscuit
der Keller(-)	cellar
der Kellner(-)	waiter
die Kellnerin(nen)	waitress
kennen	to know
kennengelernt	got to know
kennenlernen	to get to know
die Keramik(en)	pottery
der Keramikofen(¨)	pottery kiln
Keyboard	keyboards
das Kilo(s)	kilo
das Kilogramm(e)	kilogram
der Kilometer(-)	kilometer
das Kind(er)	child
die Kinderkrippe(n)	creche, nursery
die Kindersendung(en)	children's programme
der Kinderspielplatz(¨e)	children's playground
der Kinderunfall(¨e)	accident involving a child
das Kinderzimmer(-)	child's room
das Kino(s)	cinema
das Kinoprogramm(e)	cinema programme
die Kinoveranstaltung(en)	cinema show
der Kiosk(e)	kiosk, stand
die Kirche(n)	church
das Kissen(-)	cushion
die Kiwi(s)	kiwi fruit
klar!	of course!
die Klasse(n)	class
die Klassenfahrt(en)	class trip
der Klassenlehrer(-)	form teacher *(male)*
die Klassenumfrage(n)	class survey
das Klassenzimmer(-)	classroom
klassisch	classical
das Klavier(e)	piano
die Kleider(pl.)	clothes
der Kleiderschrank(¨e)	wardrobe

die **Kleidung**(-)	clothing
klein	small, short
die **Kleinanzeige**(n)	small advertisement
das **Kleingebäck**(e)	cakes, pastries
der **Kletterkurs**(e)	climbing course
klettern	to climb
der **Kletterunfall**(¨e)	climbing accident
das **Knäckebrot**(e)	crispbread
der **Koch**(¨e)	cook *(male)*
das **Kochbuch**(¨er)	cookery book
kochen	to cook
der **Kochlehrer**(-)	cookery teacher *(male)*
die **Kochstunde**(n)	cookery lesson
der **Kohl**	cabbage
das **Kohlenhydrat**(e)	carbohydrate
die **Kollage**(n)	collage
Köln	Cologne
komisch	funny
na **komm**!	come on!
kommen	to come
kommst du mit?	are you coming?
der **Kommentar**(e)	commentary
die **Kommode**(n)	chest of drawers
der **Kompaß**(sse)	compass
kompliziert	complicated
konkret	concrete
können	to be able to
konnte	could
konzentriert	concentrated
das **Konzert**(e)	concert
der **Kopf**(¨e)	head
die **Kopfschmerzen** (pl)	headache
die **Kopie**(n)	copy
der **Korkenzieher**(-)	cork screw
die **Kornblume**(n)	cornflower
die **Kosmetik**(-)	cosmetics, make-up
die **Kosmetikabteilung**(en)	cosmetics department
kosten	to cost
kostenlos	free
das **Kostüm**(e)	costume
das **Kostümfest**(e)	fancy dress party
krank	ill
das **Krankenhaus**(¨er)	hospital
die **Krankheit**(en)	illness
die **Krawatte**(n)	tie
krebskrank	ill with cancer
die **Kreditkarte**(n)	credit card
der **Kreis**(e)	circle
kriegen	to get
der **Krimi**(s)	detective story
die **Küche**(n)	kitchen
der **Kuchen**(-)	cake
das **Küchlein**(-)	small cake
der **Kühlschrank**(¨e)	fridge
die **Kulturinfo**	cultural information
der **Kundendienst**(e)	customer services
Kunst	art
die **Kunstlehrer**(in)	art teacher *(female)*
der **Kunstraum**(¨e)	art room
der **Kunststoff**(e)	synthetic material
der **Kurs**(e)	course, exchange rate
kurz	short
der **Kurztest**(e)	short test
der **Kuß**(¨e)	kiss

L

lachen	to laugh
der **Laden**(¨)	shop
laden . . . ein	to invite
das **Land**(¨er)	country
auf dem **Land**	in the country
die **Landkarte**(n)	map

lang	long, for a certain period of time
länger	longer
der **Langlaufunfall**(¨e)	cross-country skiing accident
langweilig	boring
lassen	to leave
laufen	to run
läuft	runs
die **Laune**(n)	mood, atmosphere
launisch	moody
laut	loud
das **Leben**(-)	life
die **Lebensmittel**(pl)	groceries
die **Lebensmittelabteilung**(en)	grocery department
lecker	tasty
das **Leder**	leather
die **Lederjacke**(n)	leather jacket
leer	empty
legen	to lay
der **Lehrer**(-)	teacher *(male)*
die **Lehrerin**(nen)	teacher *(female)*
leicht	easy
tut mir **leid**	I'm sorry
leider	unfortunately
leihen	to borrow
leise	quiet(ly)
die **Lektion**(en)	unit
lernen	to learn
das **Lernziel**(e)	objective
lesen	to read
die **Lesepause**(n)	reading break
letzte(r, s)	last
die **Leute**(pl.)	people
liebe(r)	Dear
lieben	to love
die **Lieblingsausrede**(n)	favourite excuse
das **Lieblingsbuch**(¨er)	favourite book
das **Lieblingsfach**(¨er)	favourite subject
die **Lieblingsfarbe**(n)	favourite colour
die **Lieblingsgruppe**(n)	favourite group
das **Lieblingshobby**(s)	favourite hobby
das **Lieblingsinstrument**(e)	favourite instrument
das **Lieblingsland**(¨er)	favourite country
der **Lieblingslehrer**(-)	favourite teacher(male)
die **Lieblingslehrerin**(nen)	favourite teacher (female)
das **Lieblingspausenbrot**(e)	favourite breaktime sandwich
die **Lieblingspizza**(s)	favourite pizza
der **Lieblingspopstar**(s)	favourite popstar
der **Lieblingspullover**(-)	favourite pullover
die **Lieblingssendung**(en)	favourite programme
der **Lieblingssport**(-)	favourite sport
die **Lieblingssportart**(en)	favourite type of sport
die **Lieblingssporttasche**(n)	favourite sportsbag
das **Lieblingstier**(e)	favourite animal
am **liebsten**	best of all
die **Lieferung**(en)	delivery
der **Lieferverkehr**	delivery vehicles
liegen	to lie (flat)
lies	read
lies . . . vor	read out
der **Lift**(e)	lift
die **Liga** (Ligen)	league (sport)
die **Limonade**(n)	lemonade
links	left
auf der **linken** Seite	on the left-hand side
die **Liste**(n)	list
der **Liter**(-)	litre
die **Literatur**(en)	literature
das **Loch**(¨er)	hole
lockig	curly
der **Löffel**(-)	spoon
logisch	logical
das **Logo**	logo
es **lohnt sich**	is it worth it
lokal	local

los	off we go
was ist los?	what's wrong?
das **Löschfahrzeug(e)**	fire engine
lösen	to solve
losgehen	to set off
die **Luft(¨e)**	air
der **Luftballon(s)**	balloon
die **Luftmatratze(n)**	air mattress
die **Lust**	inclination
ich habe keine Lust	I don't feel like it
lustig	funny
der **Luxus**	luxury

M

machen	to make, to do
mach . . . zu	close . . .
das macht mir Spaß	that's fun, I like that
das macht nichts	that doesn't matter
das **Mädchen(-)**	girl
mag	like(s)
das **Magazin(s)**	magazine
die **Magenschmerzen (pl)**	stomach ache
der **Magnet(e)**	magnet
Mai	May
mal	go on then (used for emphasis)
das **Mal(e)**	time
nächstes Mal	next time
zum ersten Mal	for the first time
man	one
manchmal	sometimes
der **Mann(¨er)**	man
die **Mannschaft(en)**	team
die **Mappe(n)**	school bag, briefcase
die **Deutsche Mark(-)**	deutschmark (German currency)
die **Mark(-)**	deutschmark
das **Markstück(e)**	deutschmark coin
der **Markt(¨e)**	market
der **Marktstand(¨e)**	market stall
die **Marmelade(n)**	jam
März	March
die **Maske(n)**	mask
der **Maskenball(¨e)**	masked ball
das **Maskottchen(¨)**	mascot
Mathe	maths
das **Matrosenhemd(en)**	sailor's shirt
die **Matrosenmütze(n)**	sailor's cap
die **Maus(¨e)**	mouse
die **Mayonnaise(n)**	mayonnaise
die **Medaille(n)**	medal
das **Medikament(e)**	medication
die **Medizin**	medicine
das **Meer**	ocean, sea
mehr	more
nie **mehr**	never again
mehrmals	several times
die **Mehrwegflasche(n)**	reusable bottle
die **Meile(n)**	mile
mein	my
meinen	to think, to believe
was meinst du?	what do you think?
die **Meinung(en)**	opinion
meistens	mostly
der **Mensch(en)**	person, human being
das **Menü(s)**	menu
die **Messe(n)**	mass, religious service
das **Messer(-)**	knife
das **Metall**	metal
der **Meter(-)**	metre
die **Metzgerei(en)**	butcher's
mich	me
die **Miete(n)**	rent
mieten	to rent
das **Mietgesuch(e)**	wanted to rent
die **Mietwohnung(en)**	rented flat
die **Milch**	milk
die **Milliarde(n)**	billion
die **Million(en)**	million
der **Mineralstoff(e)**	mineral
der **Minigolf**	minigolf
der **Minigolfplatz(¨e)**	minigolf course
der **Minirock(¨e)**	mini-skirt
die **Minute(n)**	minute
mir	to me
tut mir leid	I'm sorry
das schmeckt mir	this tastes good
das macht mir Spaß	that's fun, I like that
. . . tut mir weh	. . . hurts
mischen	to mix, to shuffle
der **Mist**	dung
so ein Mist!	what a pain!
das **Mistwetter(-)**	terrible weather
mit	with
der **Mitarbeiter(-)**	colleague (male)
mitbringen	to bring along
mitfahren	to travel
mitgebracht	brought
das **Mitglied(er)**	member
mitnehmen	to bring along
mitspielen	to play
das **Mittagessen(-)**	lunch
die **Mitternacht**	midnight
Mittwoch	Wednesday
mittwochs	on Wednesdays
der **Mixer(-)**	mixer
möbliert	furnished
möchte	would like
die **Mode(n)**	fashion
die **Modeschau(en)**	fashion show
modern	modern
modisch	fashionable
das **Mofa(s)**	moped
möglich	possible
die **Möglichkeit(en)**	possibility
möglichst schnell	as quickly as possible
das **Mohnbrötchen**	poppy seed roll
der **Moment(e)**	moment
der **Monat(e)**	month
Montag	Monday
montags	on Mondays
der **Mord(e)**	murder
der **Mörder(-)**	murderer *(male)*
morgen	tomorrow
der **Morgen(-)**	morning
guten Morgen	good morning
die **Mücke(n)**	mosquito
müde	tired
die **Mühe(n)**	effort, trouble
der **Müll**	rubbish
die **Mülltonne(n)**	dustbin
München	Munich
mündlich	orally
das **Museum (Museen)**	museum
Musik	music
Musik hören	to listen to music
die **Musikabteilung(en)**	music department
das **Musikinstrument(e)**	musical instrument
die **Musiksendung(en)**	music programme
muskulös	muscular
Müsli	muesli
muß	must
müssen	to have to
mußte	had to
die **Mutter(¨)**	mother
Mutti	mum
mystisch	mystical, strange

N

na	well
na klar!	sure! of course!
nach	after, to
der Nachbar(n)	neighbour (male)
die Nachbarin(nen)	neighbour (female)
der Nachmittag	afternoon
nachmittags	in the afternoon
die Nachricht(en)	news
nächste(r, s)	next
nächstes Mal	next time
die Nacht(¨e)	night
das Nachtlicht(er)	nightlight
das Nachtmahl(¨er)	supper
nachts	in the night
der Nachttisch(e)	bedside table
die Nagelfeile(n)	nail file
in der Nähe	nearby
der Nährwert	nutritional value
der Name(n)	name
das Nationaltheater	national theatre
die Naturfarbe(n)	natural colour
natürlich	of course
neben	next to, beside
nebenbei	at the same time
neblig	foggy
negativ	negative
nehmen	to take
ich nehme . . . mit	I'm taking . . . (with me)
nein	no
der Nerv(en)	nerve
es geht mir auf die Nerven	it gets on my nerves
nett	nice
neu	new
das Neujahr	New Year
neun	nine
neunundvierzig	forty-nine
neunundzwanzig	twenty-nine
neunzehn	nineteen
neunzig	ninety
Neuseeland	New Zealand
nicht	not
nichts	nothing
das macht nichts	that doesn't matter
nie	never
nie mehr	never again
niedrig	low
niemand	nobody
nimm . . . mit	take . . . with you
noch	still, more
weder . . . noch	neither . . . nor
sonst noch etwas?	anything else?
nochmal	once more
Nordamerika	North America
Norddeutschland	North Germany
im Norden	in the north
der Nordpol	North Pole
Nordwestengland	North West England
normal	normal
normalerweise	normally, usually
die Note(n)	mark, grade
die Notenstufe(n)	level
notieren	to note, to write down
nötig	necessary
die Notiz(en)	note
November	November
die Nudel(n)	noodle, pasta
die Nummer(n)	number
nur	only
die Nuß(¨sse)	nut
nützlich	useful

O

obdachlos	homeless
oben	on top, above
das Obst	fruit
obwohl	although
oder	or
entweder . . . oder	either . . . or
offiziell	official
öffnen	to open
oft	often
ohne	without
das Ohr(en)	ear
die Ohrenschmerzen(pl.)	earache
der Ohrring(e)	earring
Oktober	October
die Olive(n)	olive
das Olympiagelände(-)	olympic site
das Olympiastadion(ien)	olympic stadium
der Olympiaturm(¨e)	olympic tower
das Omelett(e)	omelette
die Oper(n)	opera
der Opernbeginn	start of the opera
orange	orange
der Orangensaft(¨e)	orange juice
ordnen	to order, to arrange
die Ordnung(en)	order, tidiness
die Osterglocke(n)	daffodil
Ostern	Easter
Österreich	Austria

P

das Paar(e)	pair
packen	to pack
die Packung(en)	pack, package
das Paket(e)	parcel
das Papier(e)	paper
der Papiercontainer(-)	paper bank
die Pappe(n)	cardboard
die Paprika(s)	sweet pepper
der Park(s)	park
das Parkhaus(¨er)	mulit-storey car park
der Parkplatz(¨e)	car park
der Partner(-)	partner (male)
die Partnerin(nen)	partner (female)
die Partnerarbeit(en)	pairwork
das Partnerspiel(e)	game for partners
die Party(s)	party
die Partykleidung(en)	party clothes
die Partystimmung	party atmosphere
die Partyszene(n)	party scene
paß auf!	watch out! be careful!
passen	to fit, to match
was paßt zusammen?	what goes together?
passieren	to happen
die Pause(n)	break, pause
das Pausenbrot(e)	sandwich for breaktime
peinlich	embarrassing
die Person(en)	person
persönlich	personally
das Pfand(¨e)	deposit
die Pfandflasche(n)	returnable bottle
das Pfännchen(-)	little pan
der Pfennig(e)	pfennig (German currency)
die Pflanze(n)	plant
pflanzlich	plant, vegetable
pflücken	to pick
das Pfund(e)	pound
die Phantasie(n)	fantasy, imagination
die Physik	physics
die Physiklehrerin(nen)	physics teacher (female)
das Picknick(e)	picnic
die Pizza(s)	pizza

das **Pizzabacken**	pizza-baking
der **Pizzaexperte(n)**	pizza expert *(male)*
der **Plan(¨e)**	plan
planen	to plan
das **Plastik**	plastic
die **Plastiktüte(n)**	plastic bag
der **Platz(¨e)**	place, court
die **Poesie(n)**	poetry
der **Pokal(e)**	trophy
die **Polizei**	police
die **Pommes Frites**	chips
die **Popgruppe(n)**	pop group
das **Popkonzert(e)**	pop concert
die **Popmusik**	pop music
populär	popular
Portugal	Portugal
der **Porzellanladen(¨)**	china shop
positiv	positive
die **Post**	post office
das **Poster(-)**	poster
die **Postkarte(n)**	postcard
praktisch	practical
der **Präsident(en)**	president
der **Preis(e)**	price
preiswert	good value
die **Premiere**	premiere
die **Presse(n)**	press
prima	great, fantastic
der **Prinz(en)**	prince
die **Prinzessin(nen)**	princess
die **Probe(n)**	test
das **Problem(e)**	problem
die **Produktion(en)**	production
der **Produzent(en)**	producer *(male)*
die **Produzentin(nen)**	producer *(female)*
produzieren	to produce
produziert	produced
das **Programm(e)**	programme, television channel
das **Programmdetail(s)**	programme detail
der **Programmdirektor**	programme director *(male)*
der **Programmierer(-)**	computer programmer *(male)*
der **Programmtitel(-)**	programme title
die **Projektseite(n)**	project page
der **Prospekt(e)**	leaflet
das **Prozent(e)**	percentage
die **Prozentzahl(en)**	percentage figure
der **Pulli(s)**	jumper
der **Pullover(-)**	pullover
der **Pumpernickel**	pumpernickel (German bread)
der **Punkrocker(-)**	punkrocker (male)
die **Punkrockerin(nen)**	punkrocker (female)
der **Punkt(e)**	point
pünktlich	punctual
der **Punsch(e)**	punch
putzen	to clean
der **Putzlappen(-)**	cloth

Q

die **Quelle(n)**	source
das **Quiz(-)**	quiz
die **Quizsendung(en)**	quiz programme

R

die **Rache**	revenge
radeln	to cycle
Rad fahren	to cycle
der **Radfahrer(-)**	cyclist *(male)*
die **Radfahrerin(nen)**	cyclist *(female)*
der **Radiergummi(s)**	eraser
das **Radio(s)**	radio
die **Radiowerbung(en)**	radio advertisement
die **Radlerhose(n)**	cycling shorts
der **Radler-Stadtplan(¨e)**	town map for cyclists
die **Radtour(en)**	cycle trip
der **Radunfall(¨e)**	cycling accident
die **Rangfolge(n)**	order of precedence
der **Rat**	tip, advice
raten	to guess, to advise
das **Rathaus(¨er)**	town hall
das **Rätsel(-)**	puzzle
rauchen	to smoke
'raus	out
die **Realschule(n)**	type of secondary school
rechnen	to calculate
du hast recht	you are right
recht haben	to be right
rechts	right
recyceln	to recycle
recycelt	recycled
das **Recycling-Papier(e)**	recycled paper
der **Recycling-container(-)**	recycling bank
die **Redaktion(en)**	editorial staff
die **Rede(n)**	speech
das **Regal(e)**	shelf
die **Referendarin(nen)**	trainee teacher *(female)*
regelmäßig	regularly
der **Regen**	rain
die **Regenjacke(n)**	cagoule, waterproof jacket
der **Regenmantel(¨)**	raincoat
der **Regenschirm(e)**	umbrella
es regnet	it is raining
reiben	to grate
das **reicht**	that's enough
der **Reifen(-)**	tyre
die **Reihenfolge(n)**	order, sequence
die **Reise(n)**	trip
gute Reise!	have a good trip!
der **Reisevorschlag(¨e)**	travel suggestion
die **Reisewettervorhersage(n)**	travel weather forecast
Religion	religious education
renoviert	renovated
die **Renovierung(en)**	renovation
repariert	repaired
der **Reporter(-)**	reporter *(male)*
die **Reporterin(nen)**	reporter *(female)*
reservieren	to reserve
die **Residenz**	*royal palace in Munich*
der **Rest(e)**	remains, left-overs
das **Restaurant(s)**	restaurant
das **Resultat(e)**	result
retten	to save
das **Rezept(e)**	recipe
das **Rezeptbuch(¨er)**	recipe book
die **Rezeption(en)**	reception
richtig	correct
riesig	huge
der **Ring(e)**	ring
das **Risiko (Risiken)**	risk
der **Rock(¨e)**	skirt
die **Rockgruppe(n)**	rock group
die **Rolle(n)**	role, part
die **Rollschuhdisco(s)**	roller-skating disco
der **Rollschuh(e)**	roller-skate
der **Rollschuhfan(s)**	roller-skating fan
das **Rollschuhfest(e)**	roller-skating party
das **Rollschuhlaufen**	roller-skating
das **Rollschuhtanzen**	roller-dancing
das **Rollschuhturnier(e)**	roller-skating competition
die **Rolltreppe(n)**	escalator
romantisch	romantic
der **Rosenmontag**	*day before Shrove Tuesday*
rostfrei	rust free
rot	red
die **Route(n)**	route
die **Routenbeschreibung(en)**	route description
die **Rückenschmerzen(pl.)**	back ache

der **Rucksack**(¨e)	rucksack
das **Ruderboot**(e)	rowing boat
rudern	to row
ruf . . . an	phone . . .
Ruhe!	quiet!
in Ruhe lassen	to leave in peace
die Ruhe	quietness, silence
ruhig	quiet, peaceful
ruiniert	ruined
Rußland	Russia

S

die **Sache**(n)	thing
sagen	to say
sag mal	tell me, then!
die **Salami**(s)	salami
der **Salat**(e)	salad
salzig	salty
sammeln	to collect
Samstag	Saturday
samstags	on Saturdays
der **Samstagabend**(e)	Saturday evening
der **Samstagsjob**(s)	Saturday job
der **Sand**	sand
sanft	peaceful
der **Sängerknabe**(n)	choir boy
die **Sardine**(n)	sardine
der **Satz**(¨e)	sentence
sauer	sour
die **Sauna**(s)	sauna
das **Schachspiel**(e)	chess game
schade	what a pity
der **Schal**(e)	scarf
scharf	sharp
die **Schatzsuche**(n)	treasure hunt
schau	look
das **Schaufenster**(-)	shop window
das **Schaukelpferd**(e)	rocking horse
der **Schauspieler**(-)	actor
die **Schauspielerin**(nen)	actress
der **Schauspielunterricht**(e)	drama lesson
das **Scheckbuch**(¨er)	cheque book
scheinen	to seem, to appear
schicken	to send
schieben	to push
der **Schilling**(e)	schilling (Austrian currency)
der **Schinken**	ham
die **Schinkenpizza**(s)	ham pizza
schlafen	to sleep
die **Schlafmatte**(n)	sleeping mat
der **Schlafsack**(¨e)	sleeping bag
das **Schlafzimmer**(-)	bedroom
das **Schlafzimmerfenster**(-)	bedroom window
schlagen	to hit
das **Schlagzeug**(e)	drums
die **Schlange**(n)	snake
schlank	slim
schlecht	bad
mir ist schlecht	I'm feeling ill
schlecht sein	to be ill
schließen	to shut
schlimm	bad
der **Schlips**(e)	tie
das **Schloß**(¨er)	castle
der **Schlüssel**(-)	key
der **Schlüsselanhänger**(-)	key ring
schmecken	to taste
das schmeckt mir	this tastes good
schmutzig	dirty
das **Schneeglöckchen**	snowdrop
das **Schneewittchen**	Snow White
schneiden	to cut
es **schneit**	it is snowing
schnell	quickly, fast
die **Schokolade**(n)	chocolate
das **Schokoladeneis**	chocolate ice-cream
schön	nice, fine, beautiful
schon	already
Schottland	Scotland
der **Schrank**(¨e)	cupboard
schrecklich	horrible, awful
schreiben	to write
schreib . . . auf	write . . . down
der **Schreibtisch**(e)	desk
die **Schreibwaren**	writing materials
schriftlich	in writing, written
die **Schublade**(n)	drawer
schüchtern	shy
der **Schuh**(e)	shoe
die **Schularbeit**(en)	school work
die **Schulart**(en)	type of school
die **Schulärtzin**(nen)	school doctor
die **Schulaufgabe**(n)	school exercise, task
der **Schulbeginn**	beginning of school
der **Schuldirektor**(en)	headteacher (male)
die **Schuldirektorin**(nen)	headteacher (female)
die **Schule**(e)	school
der **Schüler**(-)	pupil *(male)*
die **Schülerin**(nen)	pupil *(female)*
das **Schülerbuch**(¨er)	pupil's book
das **Schulfach**(¨er)	school subject
die **Schulferien**	school holidays
die **Schulkleidung**(en)	school clothes
die **Schullaufbahn**(en)	route through school
das **Schulmagazin**(s)	school magazine
die **Schulmannschaft**(en)	school team
die **Schulmappe**(n)	school bag
das **Schulorchester**(-)	school orchestra
die **Schuluniform**(en)	school uniform
die **Schulzeitschrift**(en)	school magazine
der **Schuß**(¨e)	shot
schützen	to protect
schwarz	black
die Schweizer Franken(-)	Swiss franc
schwer	hard, difficult
die **Schwester**(n)	sister
schwierig	difficult
die **Schwierigkeitsstufe**(n)	level of difficulty
das **Schwimmbad**(¨er)	swimming pool
schwimmen	to swim
die **Schwimmhalle**(n)	swimming pool
sechs	six
sechshundert	six hundred
sechste(r, s)	sixth
sechsundzwanzig	twenty-six
sechzehn	sixteen
sechzig	sixty
der **Segelkurs**(e)	sailing course
segeln	to sail
sehen	to see
sehr	very
sei nicht . . .	don't be . . .
ihr **seid**	you *(plural)* are
die **Seifenoper**(n)	soap opera
der **Seifenoperfan**(s)	soap opera fan
der **Seifenoperstar**(s)	soap opera star
das **Seifenwasser**	soapy water
das **Seil**(e)	rope
sein	his
sein	to be
seit	since, for
die **Seite**(n)	page, side
auf der linken Seite	on the left-hand side
die **Sekunde**(n)	second
der **Senderkanal**(¨e)	TV channel
die **Sendung**(en)	programme

der **Senf**	mustard
sensationell	sensational
September	September
die **Serie(n)**	series
servus	hello
das **Sesambrot(e)**	sesame-seed bread
das **Sesambrötchen(-)**	sesame-seed roll
setzen	to sit
sich	himself, herself
sicher	surely, certainly, sure
die **Sicherheitsnadel(n)**	safety-pin
sie	she, they
Sie	you *(formal)*
sieben	seven
siebzehn	seventeen
siebzig	seventy
sieh . . . an	look at
sieht . . . aus	looks
die **Silbermedaille(n)**	silver medal
der **Silvester**	New Year
der **Silvesterabend**	New Year's Eve
die **Silvesterparty(s)**	New Year's party
sind	are
singen	to sing
sitzen	to sit
der **Skandal(e)**	scandal
das **Skateboard(s)**	skateboard
das **Skilaufen**	ski-ing
der **Skikurs(e)**	ski-ing course
die **Skipiste(n)**	ski run
der **Skitourenunfall(¨e)**	ski-ing accident
so	in this way, so, like this
die **Socke(n)**	sock
das **Sofa(s)**	sofa
sofort	immediately
die **Software(s)**	software
das **Solarium(-ien)**	solarium
solche	such
sollen	to be supposed to
sollte	ought to
der **Sommer(-)**	summer
die **Sommerferien**	summer holidays
der **Sommertourist(en)**	summer tourist *(male)*
das **Sonderangebot(e)**	special offer
die **Sonderansage(n)**	special announcement
der **Sonderdienst(e)**	special service
Sonnabend	Saturday *(north German word)*
die **Sonne**	sun
der **Sonnenbrand**	sunburn
die **Sonnenbrille(n)**	sunglasses
der **Sonnenhut(¨e)**	sunhat
die **Sonnenschutzcreme(n)**	suntan cream
sonnig	sunny
Sonntag	Sunday
sonntags	on Sundays
der **Sonntagvormittag(e)**	Sunday morning
sonst noch	other than that
sonst noch etwas?	anything else?
sonstige	other
die **Sorge(n)**	worry, concern
die **Sorte(n)**	sort
sortieren	to sort
sowieso	anyway
sozial	social
die **Spaghetti**	spaghetti
das **Spaghettieis**	spaghetti-shaped ice-cream
Spanien	Spain
spannend	exciting
sparen	to save
der **Spaß(¨e)**	fun
das macht mir Spaß	that's fun, I like that
viel Spaß	have fun
spät	late
später	later

bis später	till later
spazieren gehen	to go for a walk
der **Spaziergang(¨e)**	walk
die **Speisekarte(n)**	menu
der **Speiserest(e)**	left-over food
der **Sperrmüll**	rubbish *(for special collection)*
der **Spiegel(-)**	mirror
das **Spiel(e)**	game
spielen	to play
die **Spielhalle(n)**	amusement arcade
die **Spielshow(s)**	game show
die **Spielsoftware(s)**	games software
die **Spielwaren**	toys
die **Spielzeugabteilung(en)**	toy department
das **Spielzeug(e)**	toy
das **Spielzeugmuseum(-een)**	toy museum
der **Spielzug(¨e)**	toy train
der **Spinat**	spinach
du **spinnst wohl**	you must be joking
spitz	pointed
die **Spitze(n)**	summit, peak
spitze	excellent
Sport	sport, physical education
die **Sportabteilung(en)**	sport's department
die **Sportart(en)**	type of sport
der **Sportartikel(-)**	sport's article
das **Sporthemd(en)**	sport's shirt
die **Sportkleidung(en)**	sport's clothes
der **Sportlehrer(-)**	P.E. teacher *(male)*
die **Sportlehrerin(nen)**	P.E. teacher *(female)*
sportlich	sporty
die **Sportnachricht(en)**	sport's news
das **Sportprofil**	sporting profile
die **Sportsache(n)**	sport's item
die **Sportschau**	sport's programme
der **Sportschuh(e)**	trainer
die **Sportsendung(en)**	sport's programme
die **Sporttasche(n)**	sport's bag
die **Sportveranstaltung(en)**	sporting event
der **Sportverein(e)**	sport's club
das **Sportzentrum (-en)**	sport's centre
sprechen	to speak, to talk
spricht	talks
Squash	squash
staatlich	state
das **Stadion(-ien)**	stadium
die **Stadt(¨e)**	town
die **Stadtmitte(n)**	town centre
das **Stadtmuseum(-en)**	town museum
der **Stadtpark(s)**	town park
der **Stadtrand**	outskirts of town
am Stadtrand	on the outskirts of town
der **Stadtrundgang(¨e)**	walk around town
das **Stadtzentrum(-en)**	town centre
der **Stahl**	steel
der **Star(s)**	television/film star
der **Start(s)**	start
die **Statistik(en)**	statistic
das **Steckenpferd(e)**	hobby-horse
stehen	to stand
der **Stein(e)**	stone
die **Stelle(n)**	job
stellen	to put
die **Stereoanlage(n)**	stereo
der **Stern(e)**	star
der **Sticker(-)**	sticker
der **Stiefel(-)**	boot
stimmbegabt	gifted singer
die **Stimme(n)**	voice
das **stimmt**	(that's) correct
stinkt	smells
der **Stock(¨e)**	floor, storey
der **Stoff(e)**	material
der **Strand(¨e)**	beach

das **Strandbad**(¨er)	bathing beach
die **Straße**(n)	street
das **Straßenfest**(e)	street party
das **Streckennetz**(e)	rail network
der **Streifen**(-)	stripe
der **Streit**	argument
streiten	to argue
streng	strict
der **Streß**	stress
stricken	to knit
Struwwelpeter	*children's story*
das **Stück**(e)	piece
die **Studentin**(nen)	student *(female)*
studieren	to study
das **Studium**(-ien)	study
der **Stuhl**(¨e)	chair
die **Stunde**(n)	hour; lesson
der **Stundenplan**(¨e)	timetable
suchen	to look for
süchtig	addicted
Südafrika	South Africa
Südamerika	South America
im **Südosten**	in the south east
die **Südsee**	the South Seas
super	super
der **Supermarkt**(¨e)	supermarket
surfen	to surf
süß	sweet
die **Süßigkeit**(en)	sweet
das **Sweatshirt**(s)	sweatshirt
sympathisch	nice
die **Szene**(n)	scene

T

das **T-Shirt**(s)	T-shirt
die **Tabakwaren**(pl)	tobacco goods
die **Tabelle**(n)	table
die **Tafel**(n)	bar, board
der **Tag**(e)	day
jeden Tag	every day
guten Tag	hello
die **Tagesschau**	news
die **Tageszeitung**(en)	daily newspaper
täglich	daily
das **Talent**(e)	talent
die **Talfahrkarte**(n)	ticket for chair lift *(downwards)*
die **Tankstelle**(n)	petrol pump
die **Tante**(n)	aunt
tanzen	to dance
tausend	thousand
die **Tasche**(n)	bag, pocket
das **Taschengeld**(er)	pocket money
die **Taschenlampe**(n)	torch
das **Taschenmesser**(-)	penknife
der **Taschenrechner**(-)	calculator
das **Taschentuch**(¨er)	handkerchief
die **Tasse**(n)	cup
die **Tastatur**(en)	keyboard
das **Taxi**(s)	taxi
der **Taxifahrer**(-)	taxi driver (male)
die **Taxifahrerin**(nen)	taxi driver (female)
der **Teddybär**(en)	teddy bear
der **Tee**(s)	tea
das **Teehaus**(¨er)	tea house
der **Teig**(e)	dough, pizza base
teilen	to share
teilgenommen	took part
das **Telefon**(e)	telephone
die **Telefonansage**(n)	telephone announcement
der **Telefonbeantworter**(-)	answer machine
das **Telefonbuch**(¨er)	telephone book
das **Telefongespräch**(e)	phone conversation
telefonieren	to phone
telefoniert	phoned
die **Telefonnummer**(n)	phone number
die **Telefonzelle**(n)	phone box
der **Teller**(-)	plate
Tennis	tennis
der **Tenniskurs**(e)	tennis course
der **Tennisplatz**(¨e)	tennis court
der **Tennisschläger**(-)	tennis racquet
das **Tennisspiel**(e)	game of tennis
der **Tennisstar**(s)	tennis star
der **Teppich**(e)	carpet
der **Termin**(e)	appointment
der **Terminkalender**(-)	diary
der **Terminplan**(¨e)	diary
der **Test**(s)	test
teuer	expensive
der **Text**(e)	text
das **Textlernen**	learning a part
die **Textverarbeitung**(en)	word-processing
das **Theater**(-)	theatre
die **Theatergruppe**(n)	drama group
die **Theatinerkirche**(n)	*church in Munich*
der **Theaterkurs**(e)	drama course
theoretisch	theoretically
das **Tier**(e)	animal
tierisch	animal
die **Tiersendung**(en)	programme about animals
der **Tisch**(e)	table
das **Tischtennis**	tabletennis
der **Tischtennismeister**(-)	tabletennis champion
der **Titel**(-)	title
die **Tochter**(¨)	daughter
todlangweilig	deadly boring
die **Toilette**(n)	toilet
toll	brilliant
die **Tomate**(n)	tomato
der **Ton**(¨e)	tone
der **Torwart**(e)	goalkeeper
total	totally
tot	dead
die **Tour**(en)	tour
der **Tourist**(en)	tourist (male)
die **Touristenwerbung**(en)	tourist poster
trag . . . ein	fill in
tragen	to wear
trägt	wears
trainieren	to train
das **Trampolin**(e)	trampoline
die **Transportumfrage**(n)	transport survey
der **Traum**(¨e)	dream
das **Traumhaus**(¨er)	dream house
traurig	sad
treffen	to meet
trifft	meets
der **Treffpunkt**(e)	meeting place
treib Sport	do sport
treiben	to do
das **Treibmittel**(-)	propellant
die **Treppe**(n)	stairs
treten	to step
der **Trickfilm**(e)	cartoon
trifft	meets
trinken	to drink
trinkt . . . aus	drinks up
die **Trinkflasche**(n)	drinking bottle
die **Trompete**(n)	trumpet
trotzdem	nevertheless
tschüs	bye, cheers
die **Tube**(n)	tube
die **Tür**(en)	door
die **Türkei**	Turkey
der **Turm**(¨e)	tower
die **Turnhalle**(n)	gym

das **Turnier(e)**	tournament
tut mir leid	I'm sorry
. . . tut mir weh	. . . hurts

U

die **U-Bahn(en)**	underground
üben	to practise
über	over, across, more than
übers Wochenende	over the weekend
überall	everywhere
überhaupt nicht	not at all
überlebt	survived
überlegen	to think about
übernachten	to stay overnight
überqueren	to cross over
die **Überraschung(en)**	surprise
übersetzen	to translate
die **Übung(en)**	exercise
die **Uhr(en)**	clock, watch
um . . . Uhr	at . . . o'clock
das **Uhrenradio(s)**	clock radio
um	round
die **Umfrage(n)**	survey
umgeben	surrounded
umrühren	to stir
umsteigen	to change
umweltfreundlich	environmentally friendly
der **Umzug(¨e)**	procession
unbedingt	definitely
unbequem	uncomfortable
und	and
unerreichbar	out of reach
unfair	unfair
der **Unfall(¨e)**	accident
die **Unfallstatistik(en)**	accident statistic
unfit	unfit
unfreundlich	unfriendly
ungarisch	Hungarian
Ungarn	Hungary
ungeduldig	impatient
ungefähr	about
ungesund	unhealthy
das **Unglück(e)**	unhappiness, bad luck
unglücklich	unhappy
unhöflich	impolite
die **Uniform(en)**	uniform
die **Universität(en)**	university
unpünktlich	unpunctual
uns	us
unser	our
unten	beneath
unter	under
das **Untergeschoß**	basement
unterhalten	to talk, chat
unternehmen	to do, to undertake
der **Unterricht(e)**	lesson
unterrichten	to teach
unterstützen	to support
die **Untersuchung(en)**	investigation, examination
unterwegs	on the way
der **Urlaub(¨e)**	holiday

V

das **Vanilleeis**	vanilla ice-cream
die **Vase(n)**	vase
der **Vater(¨)**	father
der **Vegetarler(-)**	vegetarian *(male)*
die **Vegetarierin(nen)**	vegetarian *(female)*
verändert	changed
verantwortlich	responsible
verboten	forbidden

verbracht	spent
verbrannt	burnt
verbringen	to spend *(time)*
verdienen	to earn
verdoppelt	doubled
vergessen	to forget
vergleichen	to compare
die **Verkehrsampel(n)**	traffic lights
das **Verkehrsamt**	tourist information office
der **Verkehrsunfall(¨e)**	traffic accident
verlangen	to demand
verlassen	to leave
verletzt	injured
verliebt	in love
verloren	lost
die **Verlustmeldung(en)**	report of loss
vermeidbar	avoidable
vermeiden	to avoid
vermieten	to rent
die **Vermietung(en)**	rental
die **Verpackung(en)**	packaging
verpassen	to miss
verpaßt	missed
verreist	gone away on holiday
verschieden	different
verstanden	understood
verstehen	to understand
versuchen	to try
das **Video(s)**	video
das **Videoband(¨er)**	video tape
das **Videogerät(e)**	video machine
der **Videoverleih**	video hire
der **Vertreter(-)**	representative *(male)*
die **Vertreterin(nen)**	representative *(female)*
viel	much
viel Spaß	have fun
wie viele	how many
vielen Dank	thank you very much
vieles	a lot, much
die **Vielfalt**	diversity
vielleicht	perhaps
vier	four
vierhundertundzwanzig	four hundred and twenty
viermal	four times
vierstöckig	four-storeyed
das **Viertel(-)**	quarter
Viertel nach	quarter past
Viertel vor	quarter to
vierundzwanzig	twenty-four
vierzehn	fourteen
vierzig	forty
das **Vitamin(e)**	vitamin
der **Vogel(¨)**	bird
die **Vokabel(n)**	vocabulary
das **Völkerkundemuseum(-en)**	folk museum
Volleyball	volleyball
die **Volleyballmannschaft(en)**	volleyball team
das **Vollkornbrot(e)**	wholemeal bread
die **Vollkornpizza(s)**	wholemeal pizza
vom	from the
von	from, of
vor	before, in front of
vor zwei Jahren	two years ago
im voraus	in advance
vorbei	past
vorbereiten	to prepare
die **Vorführung(en)**	demonstration, presentation
vorher	before
die **Vorkenntnis(se)**	background knowledge
der **Vormittag**	morning
vormittags	in the mornings
vorne	in the front
vorsichtig	careful

wählen	to choose
wahr	true
nicht wahr?	isn't it?
während	while, during
der **Wald(¨er)**	wood
Wales	Wales
der **Walkman(-)**	walkman
die **Wallnuß(-üsse)**	walnut
die **Wand(¨e)**	wall
die **Wanderkleidung(en)**	walking clothes
wandern	to walk, to hike
der **Wanderschuh(e)**	walking shoe/boot
die **Wandertour(en)**	walking/hiking tour
die **Wanderung(en)**	walk, hike
der **Wanderweg(e)**	footpath
wann?	when?
war	was
wie wäre es . . .?	how would . . . suit you?
waren	were
warm	warm
die **Warnung(en)**	warning
warten	to wait
warum	why
was	what
was für?	which?
was (etwas)	something
waschen	to wash
die **Waschmaschine(n)**	washing machine
der **Waschmittelkarton(s)**	washing powder box
das **Wasser**	water
wasserdicht	water-tight
die **Wassersportmöglichkeit(en)**	water sport facility
die **Wassertemperatur**	water temperature
der **Wecker(-)**	alarm clock
weder . . . noch	neither . . . nor
wegen	because of
wegfahren	to go away
der **Wegweiser(-)**	signpost
weh tun	to hurt
das tut weh	that hurts
das **Weihnachten**	Christmas
das **Weihnachtsgeschenk(e)**	Christmas present
die **Weihnachtsgeschenkidee(n)**	Christmas present idea
der **Weihnachtsmarkt(¨e)**	Christmas market
die **Weihnachtsvorbereitung(en)**	Christmas preparations
weil	because
der **Wein(e)**	wine
weiß	white; know
das **Weißbier(e)**	type of beer
das **Weißbrot(e)**	white bread
die **Weißwurst(¨e)**	white sausage
weit	far
weitergehen	to go on, to go further
weitermachen	to continue
mach weiter!	go on! continue!
welche(r, s)	which
die **Welle(n)**	wave
die **Welt**	world
weltberühmt	world famous
die **Weltbevölkerung**	world population
der **Weltkrieg(e)**	world war
der **Weltmeister(-)**	world champion *(male)*
die **Weltmeisterin(nen)**	world champion *(female)*
der **Weltpapierverbrauch**	world consumption of paper
wem	to whom
wem gehört?	who does . . . belong to?
wen	who, whom
ein wenig	a little bit
wenig	few
weniger	less
wenn	whenever, if
wer	who
die **Werbung(en)**	advertising
werden	to become, to get
das **Werken**	CDT
das **Werkzeug(e)**	tool
die **Wespe(n)**	wasp
das **Wetter**	weather
der **Wetterbericht(e)**	weather report
der **Wetterdienst(e)**	weather service
wichtig	important
wie	how
wie bitte?	pardon?
wie geht's?	how are you?
wie immer	as usual
wie viele	how many
wieder	again
immer wieder	over and over again
wiederaufgebaut	rebuilt
die **Wiederholung(en)**	revision
auf **Wiederhören**	goodbye *(on phone)*
wiederverwendet	recycled
Wien	Vienna
wieviel Uhr ist es?	what time is it?
will	wants
herzlich **willkommen**	welcome
der **Wind(e)**	wind
windig	windy
das **Windsurfen**	windsuring
der **Winter(-)**	winter
wir	we
heute wird er drei	he's three (years old) today
wird	gets, becomes
wirf	throws
wirf . . . weg	throw away
wirklich	really
wissen	to know
wo	where
die **Woche(n)**	week
das **Wochenende(n)**	weekend
übers Wochenende	over the weekend
die **Wochenendkleidung(en)**	weekend clothes
der **Wochenplan(¨e)**	plan for the week
wofür	what for
woher	where from
wohin?	where?
wohl	well *(used for emphasis)*
der **Wohnblock(¨e)**	block of flats
wohnen	to live
der **Wohnort(e)**	place of residence
die **Wohnung(en)**	flat
der **Wohnungsmarkt(¨e)**	flat market, flat sale
die **Wohnungsrenovierung**	repairs to flat
der **Wohnwagen(-)**	caravan
das **Wohnzimmer(-)**	lounge
die **Wolke(n)**	cloud
wollen	to want
das **Wort(¨er)**	word
das **Wörterbuch(¨er)**	dictionary
wozu	what for
wunderbar	wonderful
wunderschön	wonderful
wünschen	to wish
wurde	became
der **Würfel(-)**	die
die **Wurst(¨e)**	sausage
die **Wurstbude(n)**	hot dog stand
würzig	spicy
würzen	to season

Z

die **Zahl**(en)	number
das **Zahlenlotto**	lottery
der **Zahnarzt**(¨e)	dentist *(male)*
die **Zahnärztin**(nen)	dentist *(female)*
das **Zahneputzen**	teeth-brushing
ZDF (Zweites Deutsches Fernsehen)	German TV channel
zehn	ten
das **Zehngroschenstück**(e)	ten groschen coin
zehnjährig	ten years old
der **Zeichentrickfilm**(e)	cartoon
zeichnen	to draw
die **Zeichnung**(en)	drawing
zeigen	to show
die **Zeit**(en)	time
die **Zeitansage**(n)	time announcement
die **Zeitschrift**(en)	magazine
die **Zeitung**(en)	newspaper
der **Zeitungskiosk**(e)	newspaper stand
der **Zeitvergleich**(e)	time comparison
das **Zelt**(e)	tent
die **Zentralheizung**(en)	central heating
zerbrechen	to break
zerkleinertes Eis	crushed ice
der **Zettel**(-)	piece of paper
das **Zeugnis**(se)	school report
ziehen	to pull
ich ziehe . . . an	I put on
ziemlich	quite
die **Zigarette**(n)	cigarette
das **Zimmer** (-)	room
zimt	cinnamon
zischend	hissing
das **Zitroneneis**	lemon ice-cream
der **Zitronensaft**(¨e)	lemon juice
zu	to; too
zu viert	in fours
der **Zucker**(-)	sugar
das **Zuckerpaket**(e)	packet of sugar
die **Zuckerwatte**(n)	candy floss
zuerst	first of all
zufällig	by chance
der **Zug**(¨e)	train; procession
zugeben	to admit
zuhören	to listen
die **Zukunft**	future
zuletzt	finally
zum	to the
zum Schluß	at the end
zurück	back
zurückgehen	to go back
zurückkommen	to come back
zusammen	together
zusammenfassen	to summarise
die **Zusammenfassung**(en)	summary
zusammengesetzt	joined together
zusammenrollbar	easy to roll up
die **Zutat**(en)	ingredient
zwanzig	twenty
der **Zwanzigmarkschein**(e)	twenty mark note
zwanzigste	twentieth
zwar	indeed
zwei	two
zweihundert	two hundred
zweimal	twice
zweimal pro Jahr	twice a year
das **Zweimarkstück**(e)	two mark coin
zweitausend	two thousand
zweite(r, s)	second
zweitgrößte	second largest
zweiundzwanzig	twenty-two
die **Zwiebel**(n)	onion
das **Zwiebelbrot**(e)	onion bread
zwischen	between
zwo	two
zwölf	twelve